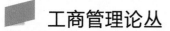

工商管理论丛

U0591855

本书出版得到以下基金资助:

1.湖南省自然科学基金项目:高技术服务业创新机理及绩效研究(2019JJ40074)。

2.湖南省社会科学成果评审委员会项目:高技术服务业高绩效纵横创新网络的构建机理研究(XSP17YBZZ033)。

3.湖南省教育厅重点项目:创新生态系统下企业家精神对高技术服务业创新绩效的影响关系研究(19A142)。

服务型领导对员工行为影响的跨层次研究

肖遗规 著

A CROSS–LEVEL RESEARCH

ON SERVANT LEADERSHIP'S IMPACT

ON EMPLOYEE PERFORMANCE

WUHAN UNIVERSITY PRESS

武汉大学出版社

图书在版编目(CIP)数据

服务型领导对员工行为影响的跨层次研究/肖遗规著.—武汉：武汉大学出版社,2019.12
工商管理论丛
ISBN 978-7-307-21386-9

Ⅰ.服…　Ⅱ.肖…　Ⅲ.企业领导—领导行为—影响—职工—行为分析　Ⅳ.①F272.91　②F272.92

中国版本图书馆 CIP 数据核字(2019)第 295108 号

责任编辑:林　莉　沈继侠　　责任校对:李孟潇　　　整体设计:马　佳

出版发行:武汉大学出版社　　(430072　武昌　珞珈山)
　　　　　(电子邮箱:cbs22@ whu.edu.cn　网址:www.wdp.com.cn)
印刷:北京虎彩文化传播有限公司
开本:720×1000　1/16　　印张:9.5　　字数:171 千字　　插页:1
版次:2019 年 12 月第 1 版　　2019 年 12 月第 1 次印刷
ISBN 978-7-307-21386-9　　　定价:30.00 元

前　　言

　　组织内外部环境的变化不断迫使以"命令与服从"为主要特征的传统领导方式必须发生相应的变革以适应新的组织环境。服务型领导作为提升领导有效性非常有前景的路径之一引起了越来越多的企业和学者的关注和重视。与此同时，随着领导行为研究领域和内容的不断拓展，服务型领导已经成为当前领导行为研究关注的焦点和重要领导类型。文献回顾发现，服务型领导与员工行为有着紧密的联系，但是，目前有关服务型领导及其对员工行为影响的研究还有待进一步拓展与丰富，相应的实证研究较少。此外，已有的研究表明，许多不同的领导行为能够通过有效地影响高绩效工作系统和心理安全来影响员工的行为。但是，很少有研究探讨高绩效工作系统和心理安全在服务型领导与员工行为之间的作用机制。因此，从实证角度考察服务型领导对员工行为影响的作用机制，对于深化和拓展服务型领导的研究理论和内容具有重要的理论意义和实践意义。

　　本书基于服务型领导的相关理论，选择组织公民行为、建言行为和角色内行为作为员工行为的结果变量，高绩效工作系统和心理安全为中介变量，构建服务型领导对员工行为的影响机制模型。在此基础上，依据问卷调查的数据，运用跨层次中介模型，探索服务型领导对组织公民行为、建言行为和角色内行为等员工行为的影响，以及高绩效工作系统和心理安全在服务型领导对员工行为影响中的中介作用。

　　本书实证研究结果表明：服务型领导与组织公民行为、建言行为和角色内行为等员工行为之间具有显著的正相关关系；服务型领导与高绩效工作系统之间具有显著的正相关关系，高绩效工作系统与组织公民行为、建言行为和角色内行为等员工行为之间具有显著的正相关关系；高绩效工作系统中介了服务型领导与员工行为之间的关系；服务型领导与心理安全具有显著的正相关关系；心理安全与组织公民行为、建言行为和角色内行为等员工行为之间具有显著的正相关关系；心理安全部分中介了服务型领导与员工组织公民行为、建言行为之间的关系。

　　本书也对研究结论进行了讨论，研究结果表明，本书不仅丰富了服务型领导行为研究的内容和视角，而且也为组织的管理实践和决策提供了重要的参考依据。具体而言，一方面，从理论和实证的角度拓展和验证了服务型领导在中国文化背景下的适用性，为服务型领导在中国情境下的后续研究提供了理论和实证研究的基础。另一方面，本书构建了服务型领导对员工行为的影响机制模型，开创性地研究了服务型领导与员工行为之间的跨层作用机制。同时，本书进一步考察和验证了心理安全、组织公民行为、建言行为和角色内行为等相关概念和理论在中国文化背景下的适用性，为高绩效工作系统、心理安全等变量的后续研究提供了相应的理论借鉴和指导。此外，本书还进一步指出了研究的不足和局限性以及未来可能的研究方向。

目　　录

第一章 绪 论

第一节 研 究 背 景

随着经济发展一体化以及全球化和信息化时代等发展趋势的不断深化，组织内部的领导者所处的外部竞争环境变得更加错综复杂。除此之外，组织内部的雇员的自我与自主意识也得到了进一步的强化，这些变革对领导者的领导素质提出了更高的要求。这些内外部环境因素所导致的新趋势与变化使得传统的以"命令与服从"为主要特征的领导方式的弱点与缺陷不断地显现，为适应新环境，要求组织内部的领导者不断革新其领导方式(Van Wart，2013)。尤其是"考虑到当前呼吁更加道德、更加以人为中心的管理，有关服务型领导的理论观点可能正是组织现在所需要的"(Dirk van Dierendonck，2011)①，事实上服务型领导已经成为提升领导有效性非常有前景的路径之一(Liden et al.，2015)。服务型领导在管理过程中无私服务下属、行为道德及充分授权等以下属为中心、以人为本的新型领导方式引起了越来越多的企业和学者的关注和重视(Parris & Peachey，2012；Jiang et al.，2015；Yan & Xiao，2016；Gary et al.，2016；颜爱民，肖遗规，2017；张军伟等，2016)。服务型领导不仅是学术研究的新领域以及富有研究前景的领导方式之一，它对团队研究的意义及其和我国文化的契合以及现实情境的某些契合也让针对服务型领导的研究不断成为我国本土领导力研究的热点之一(Irving & Longbotham，2007)。但服务型领导理论首先源于西方文化，因此服务型领导理论在西方社会中已经得到了较好的实践和运用。Dillman(2003)针对澳大利亚的非盈利组织的服务型领导的研究表明，服务型领导在澳大利亚的实践状况与美国所研究的内涵基本一致，在其实践上差异也很小。Brubaker 等(2015)在非洲中东部的卢旺达以非政府组

---

① Dirk van Dierendonck. Servant Leadership：A Review and Synthesis［J］. Journal of Management，2011，37 (4)：1228-1261.

织成员为样本的服务型领导研究发现，服务型领导通过领导效能积极作用于下属的组织公民行为。事实上，服务型领导这一领导行为与方式在我国历史发展中具有深刻的历史印记。Liu 等（2015）指出在中国服务型领导的概念不管是与政府公共管理部门，抑或是与企业的管理理念均是高度相关的，全心全意为人民服务这些概念与西方服务型领导的概念也是非常相似的。虽然国内有学者针对服务型领导进行了一定的研究，但实证研究还比较匮乏，对于服务型领导是否是中西方共存的领导方式之一，是否能在区别于其他文化背景下的中国情境下有同等的作用效力等都有待进一步的检验与验证。

服务型领导（Servant Leadership）是 Greenleaf 于 1970 年率先提出的，这一领导方式是以服务导向为基础，在其管理过程中将其服务的天性积极践行于整个社会（Graham，1991）；衡量其成功的最重要标准之一在于是否"使得他们的追随者也变成一个服务者"（Greenleaf，1977）。在组织管理实践中，服务型领导强调为员工提供服务，行为道德，充分授权，关心员工的个人成长，优先关注员工的需求，重视社会责任的承担，是一种基于对员工信任、尊重和服务等价值观的领导力（Graham，1991；Dirk van Dierendonck，2011；Liden et al.，2014）。服务型领导在国内有不同的译法，如仆从领导或仆人式领导，考虑到其本意及研究需要，本书统一称为服务型领导。Bass（2002）指出，服务型领导需要更广泛与充分的研究，此外 Bass 还强调服务型领导运动的力量以及服务型领导在有效提升下属学习与成长等方面发挥着正向积极的作用，这也表明这一尚待进一步验证与完善的理论在未来组织的领导中可以发挥更进一步的作用。Russell 和 Stone（2002）通过整理相关文献发现了服务型领导与其他变量之间关系的多个可供研究者进一步深入研究了理论模型，尤其是作者们在他们的模型 2 中指出，服务型领导将会作用于组织文化、团队和员工的工作行为，进而影响到组织绩效。另外 Dirk van Dierendonck（2011）的综述研究指出，服务型领导会影响领导—成员交换和心理气氛，进而作用于个体、团队以及组织，个体层面的影响包含组织公民行为、组织承诺、工作满意度和员工敬业度等，团队层面的影响包括团队有效性等，也可以对如持续性和企业社会责任等组织结果产生影响。这些类似的理论模型为"理解、应用、研究和发展服务型领导概念提供扎实的基础"（Russell & Stone，2002）[1]。事实上领导方式作为对员工行为产生重要影响的因素之一，针对二者关系的影响机制的研究长期以来是学

---

[1] Russell R F, Gregory Stone A. A Review of Servant Leadership Attributes: Developing a Practical Model[J]. Leadership & Organization Development Journal, 2002, 23(3): 145-157.

者们关注的重要研究领域之一(Hogg et al.，2012；Aritz & Walker，2014)，现
有的领导方式研究，如辱虐型领导、变革型领导、家长式领导等领导方式对员
工行为的影响的研究成果已经较为丰硕(李锐，凌文辁，方俐洛，2010；吴隆
增等，2011；Wang et al.，2011；田在兰，黄培伦，2014)。但服务型领导作
为一种同其他领导方式一样有效的领导方式，还需要一个更系统以及更综合的
研究模型来探讨服务型领导的作用机制等(Dirk van Dierendonck，2011；
Anderson，2009)。相关学者的一些研究成果表明服务型领导不仅在团体层面
及组织层面有正向影响，服务型领导在预测下属个体态度与行为时也具有超越
其他领导行为的不可比拟之处(Wu，2013)。王碧英，孙健敏(2010)发现在控
制变革型领导和家长式领导的情况下，服务型领导仍显著负向影响异常行为。
Schneider 和 George(2011)以一个义工组织为研究对象，试图检验变革型领导
与服务型领导对员工态度和行为之间的影响差异，其研究发现服务型领导较之
变革型领导更能影响义工组织成员的承诺，工作满意度以及留职意愿。事实
上，Parris 和 Peachey(2012)在文献综述的基础上也指出在未来的研究中应进
一步加强服务型领导对组织承诺、建言行为、组织公民行为以及角色内行为等
员工行为结果影响的研究。因此，有必要进一步拓展和延伸服务型领导的影响
结果的研究，以更好地发挥其作用。

　　服务型领导作为一种以"超越一个人的个人利益"为核心特征的领导理论，
它强调，服务他人不仅是领导的主要目标，也是成为优秀领导的关键(Dirk
van Dierendonck，2011)。学者们在深入认识服务型领导的内涵、测量和理论
基础等基础上，也开始逐步增加实证检验来考察服务型领导对企业与员工绩效
和结果的影响作用。比如，一些学者的研究发现，服务型领导能够显著地影响
员工的帮助行为和创新行为(Neubert，2008)、满意度、承诺和留职意向
(Schneider & George，2011)、组织公民行为(Brubakeret et al.，2015)、建言
行为(Yan & Xiao，2016)、角色内行为(Liden，Panaccio，Meuseret et al.，
2014)和团队绩效(Schaubroeck et al.，2011)等。尽管如此，在服务型领导的
结构及其影响作用中，仍然有一些重要问题值得学者们予以关注，须进行更系
统和深入的探索和研究。Liden 等(2014)认为服务型领导对员工态度和行为影
响的潜在作用机制还有待进一步丰富。现有研究成果已证实变革型领导、道德
型领导、交易型领导和魅力型领导等不同的领导行为能够通过有效地影响高绩
效工作系统(Chang，Jia，Takeuchi et al.，2014；阎亮，白少君，2016；苗仁
涛，周文霞等，2015；颜爱民，胡仁泽，徐婷，2016)以及下属心理安全来影
响员工的行为(Shin & Zhou，2003；Walumbwa et al.，2009；卿涛，凌玲，闫

燕，2012；廖建桥，2011）。对于服务型领导与员工行为的研究，不少学者发现程序公平氛围和服务型文化等中介变量能够作用于员工的组织公民行为以及员工绩效（Neubert et al.，2008；Liden et al.，2014；Hu & Liden，2011），等等，诸如此类的研究有助于我们更好地理解服务型领导对于个人或团队结果变量的影响机制。但是 Liden 等（2014）进一步指出，可能还有其他的中介机制存在于"服务型领导和个人及团队结果之间的关系"①，例如在其他领导方式中发挥中介作用的高绩效工作系统和心理安全在服务型领导与员工行为之间的作用机制我们仍不得而知，因此，非常有必要进一步增加服务型领导对员工个人及团队结果变量间产生作用的中介机制研究。此外探讨服务型领导对组织公民行为、建言行为以及角色内行为等员工行为的影响机制也是领导行为研究领域应关注的重要问题之一。

　　Day 和 Harrison（2007）指出，组织行为研究固有的特点之一在于存在多层问题，针对目前的研究来看，在组织行为研究中重视多层和跨层作用的研究趋势因其能在一定程度上克服传统统计方法在处理多层嵌套结构数据的局限而得到了众多研究者的青睐。多层线性模型（HLM）在心理学、社会学、教育学、经济学等学科开始被广泛应用，然而在管理学领域仍然处于发展阶段。为了增强对领导力研究的认识，很有必要在领导研究中采用多层的视角。同对其他领导方式的研究一样，现有的关于服务型领导的影响作用的研究更侧重于在单一层次上研究其对个体或团体结果形成的影响（Hu & Liden，2011；Schaubroeck et al.，2011）。从跨层视角考察不同层次的服务型领导对不同层次结果的影响作用、探讨不同层次的中间机制才刚刚引起学者们的关注（Chen，2015；Liden et al.，2014；Yan & Xiao，2016；颜爱民，肖遗规，2017）。因此，为了全面了解服务型领导对企业和员工结果的影响作用和机制，有必要更好地认识服务型领导对多层次结果产生作用的范围和大小，以及个体层面和团队层面的服务型领导的不同影响作用（Hunter et al.，2013）。

　　随着全球市场竞争的白热化以及不断全面深入的改革开放，如何提升组织领导者的管理方式已然成为企业打造核心竞争力以及保持竞争优势的一个重要路径。与当前更加强调以下属为中心、重视授权、关心道德领导研究视角转变为跨层研究趋势相一致（Dirk van Dierendonck，2011；Liden et al.，2014；

---

① Liden R C, Wayne S J, Liao C, et al. Servant Leadership and Serving Culture: Influence on Individual and Unit Performance[J]. Academy of Management Journal, 2014, 57 (5)：1434-1452.

Liden et al.，2015）。因此，本书选取服务型领导进行研究，深入探讨中国企业服务型领导对员工行为产生影响的作用机理，服务型领导产生这些影响作用的中介机制是什么，对诸如此类问题的清晰分析和研究，对于全面认识服务型领导影响组织或下属的途径和条件，提升企业绩效和企业竞争优势有着极其重要的理论和现实意义。

第二节　研究意义

一、理论意义

领导方式对员工行为的作用研究一直以来在人力资源管理和组织行为领域都是重要的研究议题。本书基于服务型领导的相关理论，选择高绩效工作系统和心理安全作为中介变量，从实证角度考察服务型领导对组织公民行为、建言行为和角色内行为等员工行为的作用机制，不仅对深化和拓展服务型领导的研究内容和研究视角具有重要的理论意义，也对丰富领导方式与员工行为之间关系的研究视角具有重要的理论意义。

首先，通过文献回顾发现，对服务型领导的研究还正处在进一步完善的阶段，以对服务型领导的理论研究居多，大多数的研究成果的结论是基于西方文化的背景，针对服务型领导相关的实证研究数量还相对较少。基于此，本书以服务型领导理论为研究出发点，以中国企业员工为考察对象，对服务型领导在中国文化背景下的有效性进行有益的探索与验证。本书不仅对于拓展服务型领导应用的文化情境和范围具有重要的理论意义，也对完善和发展服务型领导理论的研究内容具有重要的理论意义，从而进一步推动和深化组织行为学和人力资源管理领域对领导理论的研究。

其次，领导方式与员工行为之间关系的研究一直是领导方式作用机制研究的重要内容。现有研究成果表明，服务型领导能够对帮助行为、创新行为、组织公民行为、工作满意度、组织承诺等态度和行为产生直接或间接的作用，相关实证研究也证实，服务型领导对员工的建言行为、角色内行为等员工的行为具有显著的影响，但是，服务型领导与员工行为之间关系的研究还有待进一步深入和充实，实证研究还十分缺乏。因此，选择高绩效工作系统、心理安全作为中介变量，运用跨层实证分析方法分析服务型领导对员工组织公民行为、建言行为和角色内行为等员工行为产生作用的影响机制，不仅对丰富领导方式与员工行为之间机制的研究内容和视角具有重要的理论意义，也为后续服务型领导对员工行为影响机制的研究提供了重要的理论借鉴和指导。

最后，高绩效工作系统的相关研究表明，领导行为对高绩效系统的构建与形成具有重要影响，并且其与员工行为有着紧密的联系。但是，很少有研究从实证角度考察高绩效工作系统在服务型领导与员工行为之间的影响。同时领导行为也能够影响员工的心理安全并进一步影响员工在工作场所的工作行为。但是，现有研究还缺乏服务型领导对员工心理安全的作用以及员工心理安全对其行为影响的实证研究。因此，选择高绩效工作系统、心理安全作为中介变量，从实证角度考察和分析高绩效工作系统和心理安全在服务型领导与员工行为之间的作用机制，不仅对于丰富和深化高绩效工作系统、心理安全的前因和结果变量研究具有重要的理论意义，也对丰富领导方式与员工行为之间关系的研究内容和视角具有重要的理论意义。

二、实践意义

随着企业员工的文化水平和教育水平普遍提高，企业员工的自我与自主意识得到了进一步的增强与深化，他们的人生观以及价值观等较上辈差异化非常显著，尤其是"80后""90后"这些员工成为各行业的重要人力资源组成部分（周石，2009）。这些新生代员工身上有着诸多鲜明的个性特征，他们更强调独立和自主，强调自我学习与个人成长，不愿意受到外在规范的约束。因此显然以指挥和命令为特征的传统领导风格已然开始不适用于对新生代员工的管理了，传统的领导方式不断遭受到新生代员工所带来的冲击。事实上，面对着这些新趋势与不断变化的外部环境，各级管理者应该重新定义传统的角色和责任，不断审视自身的领导方法及行为以获得更好的竞争优势（Vermeeren，Kuipers，Steijn，2014；Fernandez & Moldogaziev，2011）。服务型领导以无私服务下属、利他导向等为主要特征，他的最终目标是使得其追随者也成为一名服务型领导者，通过对下属的关爱以及帮助形成对下属的影响力，现有研究也证实了服务型领导作为一种有效的领导方式，在社会上的各个领域都发挥着重要的作用。服务型领导作为异于现有其他形式的领导方式的特殊领导方式，可以为中国企业实施、推广新的领导风格提供新思路和实证依据。

此外我们的研究也发现服务型领导可以正向影响下属的组织公民行为、建言行为和角色内行为。从实践意义来说，组织或领导者在其管理过程中可以通过支持与帮助员工、尊重与关心员工、服务员工等方式诱导员工积极行为的发生。本书针对服务型领导与下属行为的研究为组织或领导者诱导员工积极行为的发生的管理策略提供了重要的实践指导意义。

同时服务型领导还可以通过高绩效工作系统进而影响员工行为。企业的领导者在管理过程中应重视高绩效工作系统所带来的协同效应，充分发挥其对员工行为的积极效用，以不断促进员工的积极行为。此外服务型领导还可以通过有效提升员工的心理安全进而影响员工行为。从管理学和管理技术角度看，企业应该高度重视并有效提升员工的心理安全。例如可以通过关爱员工、改善工作环境以及消除矛盾因素等方式让员工在一个安定和谐的工作环境中工作，进而激发出更多的组织公民行为等有利于组织绩效提高的角色外行为。因此，对心理安全和高绩效工作系统在领导方式与行为间的中介作用进行深入研究，一方面能为组织或领导者进行有效管理提供重要的决策依据，另一方面本书的研究结果及发现对于服务型领导的作用力与影响力的增强亦具有非常重要的实践价值。

第三节　研　究　内　容

本书的主要内容包括以下三个方面。

第一，服务型领导对员工行为的影响研究。领导方式作为对员工行为具有重要影响的因素之一已经得到了众多研究的证实。针对服务型领导方式的有关实证研究表明，服务型领导对个体的创新行为、工作满意度和帮助行为、组织承诺、反生产行为有显著影响（庄子匀，陈敬良，2015；王永跃，2014；Miao et al.，2014；马跃如等，2011）。尽管如此，通过文献回顾发现，当前服务型领导对员工行为的影响机制研究还有待进一步丰富，应进一步丰富实证研究的数量。本书认为员工的行为主要可以分为组织公民行为、建言行为和角色内行为等，因此本书基于服务型领导理论实证考察了其对员工行为所产生的影响，对服务型领导与员工行为之间的关系进行深入研究。

第二，高绩效工作系统在服务型领导对员工行为影响中的中介作用研究。领导方式作为高绩效工作系统形成的重要前因变量已得到了相关研究的证实，高绩效工作系统也能显著预测员工的行为（Den et al.，2013）。因此，本书将考察服务型领导对高绩效工作系统的影响，以及高绩效工作系统对组织公民行为、建言行为和角色内行为等员工行为的影响，并在此基础上研究高绩效工作系统在服务型领导与员工行为之间的中介作用。

第三，心理安全在服务型领导对员工行为影响中的中介作用研究。领导方式作为员工心理安全的重要前因变量已得到了相关研究的证实，并且员工心理安全的高低对于其行为也有着差异化的影响（Detert & Burris，2007）。换言之，领导行为能够通过心理安全来影响员工的行为。因此，本书将考察服务型领导对下属心理安全的影响，以及心理安全对组织公民行为、建言行为和角色内行为等员工行为的影响，并在此基础上研究心理安全在服务型领导与员工行为之间的中介作用。

第四节　研究创新点

根据已有相关研究的内容，本书的创新点主要体现在以下几个方面。

第一，考察了服务型领导对员工行为的跨层次影响。组织行为的研究中明显表现出了嵌套数据的特征，如员工个人嵌套于团队中，团队则嵌套于部门之中，因此针对组织行为的研究应清晰地界定分析层次（Liden et al.，2008；Yan & Xiao，2016），也应该从多层或跨层次的研究视角进行研究。以往大多数服务型领导的研究更多是从个体层面出发研究其对员工态度和行为产生的影响，运用跨层次分析方法对服务型领导对员工行为产生影响的研究极其匮乏。本书运用跨层次分析方法有效弥补了这一研究缺口，构建了二者之间的理论联系，并证实了服务型领导对员工组织公民行为、建言行为以及角色内行为的跨层次影响，进一步丰富了以往的经验证据，弥补了现有服务型领导只研究企业层次或员工层次的不足，有助于人们在企业管理实践中深入认识企业对员工行为结果产生影响作用的过程和形式。

第二，从理论和实证角度验证了服务型领导在中国文化背景下的适用性。领导方式作为一种社会影响过程，这种现象普遍存在于世界上的各个国家，但是由于国家文化组成的差异，其在概念内涵以及构成上却可能不尽相同（Hofstede，1993）。服务型领导理论起源于西方文化，中国的领导过程与其较之既有相似相通之处，又相互区别，有着鲜明的文化背景差异。国内本土的一些学者针对西方传播而来的服务型领导行为所做的研究发现，我国众多的企业领导者在其管理过程中有着深深的服务型领导的烙印，但遗憾的是国内鲜有关于服务型领导的实证研究，少有的部分针对服务型领导的研究更多的是停留在理论研究层面的探讨，研究范围也更多局限于政府公共组织。因此，本书综合国内外学者对服务型领导的相关理论和实证研究，以中国企业员工为考察对象，从实证角度验证了服务型领导测量量表的信度和效度，为服务型领导在中国文化背景下的后续研究提供了扎实的理论和实证研究基础。本书的研究结论补充了国内服务型领导理论研究的内容，拓展了领导有效性理论的研究范围，为领导行为作用机制的进一步研究奠定了基础，对领导行为效能的本土化理论研究亦具有积极贡献。

　　第三，本书创新性地构建了高绩效工作系统在服务型领导与员工行为之间的理论联系，为后续的研究进一步开拓了研究视角。现有针对高绩效工作系统的研究较多地考虑其作为自变量考察其与员工态度与行为、绩效等变量之间的关系，对于其可能发挥的中介作用所做的研究还较为匮乏，事实上，服务型领导与高绩效工作系统各项实践技术之间的高匹配度和契合度，一方面更有利于企业构建实施高绩效工作系统的工作环境，也能够对员工的角色外行为以及角色内行为产生积极的影响。这不仅有利于进一步探索高绩效工作系统的前因变量和结果变量，也进一步推动了领导方式对员工行为作用机制的研究。

　　第四，本书引入心理安全考察了服务型领导对员工角色外行为、角色内行为影响的跨层次作用机理。通过探索多中介过程拓展了对服务型领导对员工行为影响的理解。但有趣的是，心理安全在服务型领导和角色内行为的中介作用没有得到支持。这与有些学者针对公务员群体所获得的结论截然相反，我们认为这很有可能是因为研究样本的差异以及与我国特殊的国情有很大的关系(颜爱民等，2017；苏中兴，2010)。本书这一更切合企业管理实情的结论为盈利性组织更好地提高绩效水平找到了更科学的依据，对服务型领导影响员工行为之间关系的研究具有一定的开创性，为后续研究提供了借鉴，有利于相关组织行为学与人力资源管理理论的创新和发展。

第五节　本书研究方法

　　本书采取的研究方法可以分为三大类。

　　第一，文献总结归纳与理论分析。主要通过 Google 学术搜索和中南大学图书馆购买的中英文数据库，如中国学术期刊网、万方数据库等以及美国管理协会(AOM)、中国国际管理研究会(lACMR)等学术网站，针对相关领域的国内外期刊，如 *Academy of Management Journal*、*Public Adiminstraion*、*Journal of Applied Psychology*、*Journal of Organizational Behavior*、*Human Resource Management*、*Public Personnel Management*、《管理世界》《科研管理》《管理工程学报》等高质量期刊文献进行搜寻，尽可能地对其可能涉及的有关理论与研究方法有一个更为全面的了解和掌握。通过国内外文献对比与归纳总结，尽可能地全面搜寻与回顾本书研究所涉及的服务型领导、高绩效工作系统、心理安全、组织公民行为、建言行为和角色内行为的相关文献，并通过对这些核心变量内涵、维度、测量、前因与结果的文献梳理和理论分析，对现有研究成果中较好的研究思路与方法进行学习与借鉴，辨析其可能存在的潜在研究不足，最终形成服务型领导对员工行为影响的跨层次理论模型。

第二，问卷调查法。问卷调查是管理学定量研究中最广泛、最普遍的实地数据收集方法，具有可行性和有效性较高、成本低廉、用时短等优点。为了能够对研究假设进行有效验证，本书遵照实证研究的一般原则和方法，采用问卷调查法对理论建构进行了检验。整个实施过程分为两个阶段，第一阶段是小样本预测试，以确保问卷的信效度达到统计标准，并且对专家学者、企业管理者和一线员工进行了访谈，综合以上信息和建议，对问卷中存在的问题进行调整和修正，为第二阶段的正式调查作准备；第二阶段进行大规模的正式大样本问卷发放与实际调研，对回收的有效问卷数据进行统计分析，验证所提出的研究假设。

第三，实证分析法。本书使用问卷调查的形式对相关变量进行测量。问卷的获得一方面是基于文献分析，另一方面是基于专家访谈。对所确定的量表首先通过预调研进行相应的修改，并在此基础上形成大样本调查的问卷。对预调研及大样本正式调查所获得数据采用了 SPSS20.0、AMOS17.0 和 HLM7.0 等统计分析软件进行分析与统计。

第六节 研究框架及本书结构

本书的研究框架如图 1-1 所示。

本书的研究结构安排如下。

第一章，绪论。主要内容包括：研究背景、研究意义、研究内容及创新点、研究框架及结构安排。

第二章，文献综述。本章主要对服务型领导、高绩效工作系统、心理安全、组织公民行为、建言行为和角色内行为相关文献进行较为全面的梳理，分析和探讨现有研究的不足及服务型领导、高绩效工作系统、心理安全、组织公民行为、建言行为和角色内行为之间可能存在的关系，为后续研究提供理论及方法支持。

第三章，理论模型及研究假设。基于第二章的研究基础，在通过分析现有研究可能存在的不足并结合本书服务型领导对员工行为的影响机制的基础上形成本书的理论模型。随后根据已有相关理论对研究假设进行了阐述。

第四章，研究设计与方法。本章对相关变量进行界定，对研究所用量表进行说明。通过小样本测试，对量表题项进行修订，最终形成用于正式调研的量

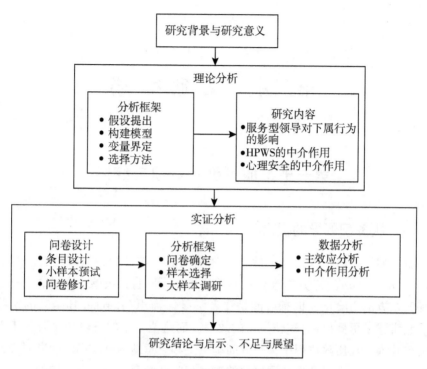

图 1-1　本书的框架结构图

表，并进行相关信效度等检验。

第五章，阶层线性模型分析。依据跨层次中介效果模型，通过 SPSS 和 HLM 等软件对大样本调研的数据进行跨层次分析，以检验相关研究假设。

第六章，结论与展望。本章主要内容包括研究结论讨论，并提出了相应的管理建议，最后对本书可能存在的不足进行了阐述以为后续研究提供建议。

第二章 文献综述

第一节 服务型领导研究综述

一、服务型领导的提出

服务型领导这一领导理论始于格林里夫的工作经验，但却是由一本题为 *Journey to the East*(《东方之旅》)的短篇小说赋予的直接灵感。小说的主题是关于探索东方的历险记，也有可能是作者赫曼·海思(Herman Hesse)的实践经历。它讲述了里奥(Leo)这位主角的故事，而这位主角的身份却是服务于大家的一名仆人。在历险过程中，一方面里奥全心全意地为队友们的后勤服务，端茶倒水，另一方面里奥也会用快乐的歌声和坚强的意志为队友们加油打气。里奥如此心甘情愿地服务，探险队的队员们甚至都完全忽视了来自里奥默默无闻的付出。但是里奥的死让整个事件发生了巨大的变化，缺乏了里奥在探险之旅中的服务与支持，探险之旅被迫中断。然而故事还没有终结。一位参与此次探险之旅的队员，也就是本故事的叙述者意外地发现了里奥其实是探险活动的领导。让我们意外的是，这位赞助者选择了无私服务大家的"仆从"而非"领导"这一角色。

格林里夫认为："服务型领导者首先应当是一名服务者。服务型领导者始于一个人自然而然地想为他人服务的天性，之后有意识的选择使他渴望领导他人。检验一个人是否是服务型领导者的最好方法是：在他的领导下，得到他服务的人是否真正地在进步？是否变得更健康、更自主、更自由、更聪明能干和更自动自发？自己是否更有可能变成服务型领导者？社会中权力最小的人群受到了怎样的影响？他们获得利益了吗？或者至少没有因此受到更多的损失。"[①]

---

① Greenleaf, R. K. Servant Leadership: A Journey into the Nature of Legitimate Power and Greatness[M]. New York: Paulist Press, 1977: 89.

二、服务型领导的概念及组成维度

格林里夫虽然对服务型领导的行为特质组成以及服务型领导对其追随者的影响等方面进行了大量的描述，然而却没能对其定义进行充分的阐述，因此学界对服务型领导的定义还没有获得一致的认可。随着对服务型领导研究的进一步深入，国内外的研究者们对其定义的组成进行了较多有益的探索。Graham(1991)较早地认为服务型领导者在领导过程中谦逊地为下属服务，并非下属为领导者提供服务，这一领导方式的侧重点在于满足被服务对象的最优先需要。Spears(1998)认为服务型领导在本质上是一种行为，他尊重员工的个人尊严和工作价值，而且在领导过程中也会进一步强化为追随者服务的愿望这样一种行为。Dirk van Dierendonck(2011)认为服务型领导者以优先服务追随者为首要目的，其内在驱动力并非追求与获得更多的权力而是服务追随者，在领导过程中也是通过劝说和说服的方式形成对他人的影响力。我国学者王碧英和高日光(2012)认为服务型领导超越了个人利益，他的首要任务是服务追随者，服务型领导也会尊重其个人的尊严和价值等，以榜样的示范作用对追随者产生影响，从而满足追随者包括生理、心理和情感等的需求，并在组织内部也不断培育服务型领导文化的一种领导行为。邓志华和陈维政(2015)认为服务型领导是一种领导者服务于员工，员工服务于客户，进而客户带来组织效益的领导方式。目前，尽管大量学者们对服务型领导的定义进行了大量有益的研究，但对其概念的内涵还未形成一致的共识，仍需不断进行深入探讨和研究。但学者们在其研究过程中对服务型领导在某些方面的特质也形成了一致共识：首先服务型领导者会给予下属高度的重视；服务型领导者在领导过程中为人处世符合道德规范；服务型领导者关心下属利益、组织利益和利益相关者等的利益。

针对服务型领导的特征和维度的研究，众多国内外不同的研究采取了诸如文献研究法、理论分析等多种不同的方法以及模式，以进一步辨析出服务型领导的内涵的外在表现。经过多年的沉淀与发展，虽然其中有些研究得到了较为科学合理的实证检验，而有些研究的科学性仍有待进一步检验与验证，但这都不会阻碍服务型领导不断进步与完善的步伐，如表2-1所示。

表 2-1　　　　　　　　　　服务型领导的特征和维度组成①

学者	年份	维度/特征
Graham	1991 年	鼓舞人心和重视道德 2 个特征
Spears	1998 年	倾听、同理心、抚慰、感知、以理服人、思考能力、远见、关照、帮助下属的成长和发展、建立团队 10 个特征
Russel	2000 年	提出愿景、角色模范、欣赏他人、开拓性和授权 5 个特征
Patterson	2003 年	道德关爱、谦逊、利他主义、愿景激励、信任、授权和服务 7 个维度
Ehrhart	2004 年	与下属建立关系、授权下属、帮助下属成长和成功、行为符合道德规范、概念技能、把下属放在第一位、为组织之外的人创造价值 7 个维度
Wheeler	2006 年	利他主义、情绪抚慰、说服引导、智慧、社会责任感 5 个维度
汪纯孝等	2009 年	尊重员工、关心员工、帮助员工发展、构思愿景、平易近人、甘于奉献、清正廉洁、开拓进取、指导员工工作、承担社会责任、授权 11 个维度
Dirk van Dierendonck et al.	2011 年	授权、负责、背后支持、谦逊、真诚、勇气、体谅、管家精神 8 个维度

三、服务型领导与其他领导理论

服务型领导作为领导行为的具体类型，其概念内涵、作用机理等既区别于现有其他相关领导理论，又与其他相关领导理论存在着紧密的联系。

首先，Smith 等（2004）认为服务型领导其领导行为特质在本质上源于魅力型领导这一领导方式。根据魅力型领导理论，魅力型领导在其领导过程中会向组织成员传达组织要达到的发展目标与发展愿景，会不断激励组织成员成长与进步；魅力型领导在努力达成组织目标时会从事具有一定个人风险的活动，具有冒险精神以及积极主动性；魅力型领导会通过企业内外部环境的变化进而提出相应的改革措施以达到组织目标；魅力型领导在其领导过程中关心员工，爱护员工；为了达成组织目标也会采取出人意料的行为（Conger et al.，2000）。这意味着魅力型领导会通过愿景激励以及关心爱护下属等具有魅力的领导方式

---

①　资料来源：根据相关文献整理。

不断助力下属的个人成长与发展，通过形成对下属有效的影响力进而提高下属
对领导的信任程度以及价值认同。通过上述分析我们可以发现，服务型领导和
魅力型领导这两种领导方式在对待下属与组织等方面显示出了其互相联系之
处，但服务型领导在一定程度上也和其他领导形式有着不同之处。服务型领导
在工作中更无私地为下属服务，关心爱护下属，充分授权，通过自身的领导魅
力让追随者也变得更加自由、健康和主动，形成共同的服务型领导理念的价值
观。服务型领导与变革型领导等其他领导方式在一定程度上均是魅力型领导的
重要组成部分，都体现了领导者与员工之间良性的管理与互动过程。

就变革型领导而言，服务型领导与变革型领导二者都是具备较高领导魅力
的领导方式。这是因为服务型领导与变革型领导都不是运用强迫式和独裁式的
领导方式，他们通过个人的领导艺术与人格魅力对下属产生号召力与影响力。
此外，二者都采用以人为中心的领导方式，他们都是通过激发、诱导和激励的
方式，通过调动员工的积极性来实现对员工和组织的领导（Stone et al.，2004；
Washington，2007）。在构成维度上面，二者也存在着个性化关怀、动机激励
和魅力领导等共同维度（Smith et al.，2004）。在领导结果方面，二者都注重激
发下属的积极主动性，对员工的工作态度和行为具有正向的促进作用。就领导
的包容性方面而言，变革型领导鼓励下属成长且包容超越，甚至可能在领导过
程中不断强化员工的参与度与领导决策的民主度（Bass，1985；Burns，1998；
Bass & Riggio，2006）。服务型领导本身在某种程度上也显现出了包容性的领
导行为，具体而言，服务型领导在其领导过程中会通过相关行动来培养下属的
服务动机，服务型领导的这种行动会激励下属并且可以转变下属的行为方式并
成为行动的组成部分之一（Rai & Prakash，2012）。这些都可以反映服务型领导
与变革型领导在包容性方面存在着众多类似和交叉点。

但服务型领导作为一种以"超越一个人的个人利益"为核心特征的领导理
论，服务型领导的这些特征使得其在领导方法中具备独特性，不同于魅力型领
导、变革型领导等其他的领导风格以及领导成员交换等理论（Graham，1991；
Dirk van Dierendonck et al.，2014；Barbuto and Wheeler，2006）。Graham
（1991）通过比较后发现，虽然魅力型领导和变革型领导的共同点是都假定领
导是有远见的人，但是，二者与服务型领导的不同之处在于，他们都期待下属
的顺从：在魅力型领导的领导下，下属像绵羊一样被动服从指挥；而在变革型
领导的领导下，领导鼓励和发展下属的最终目标是让下属为其目标的实现而主
动工作。服务型领导则进了一步，不仅鼓励下属的智力和技能发展，还提升他
们的道德推理能力，尤其重要的是，其本人还承担检验自己的愿景和组织目标

是否符合道德标准的责任。Parolini 等(2009)认为服务型领导的主要目标在于遴选他人需求并服务他人,而变革型领导的领导意图在于匹配其个人和他人的利益与团体、组织或社会保持一致。此外,Stone 等(2004)也指出变革型领导更关注组织目标,而服务型领导则更关注其下属或其追随者。Liden 等(2008)的实证研究表明,在将变革型领导视作控制变量的这种情况下,服务型领导行为对下属的组织公民行为、角色内绩效和组织承诺均有显著的正向预测作用。孙健敏等(2010)的研究也证实,相对于周边绩效和异常行为的正向增量作用,服务型领导比变革型领导在这两个方面优势更加明显。

总体而言,服务型领导与魅力型领导、变革型领导等领导方式存在相似相通之处,但服务型领导作为一种有效的领导方式也存在着区别于其他领导方式的独特之处。尤其是考虑到不断变化与日益复杂的外部环境,服务型领导呼吁不断为下属服务,为人处世符合道德规范,以人为中心,充分考虑社区及利益相关者等的领导方式更能在复杂的时代背景下发挥领导的有效性(Gary et al.,2016,Yan et al.,2017)。

四、服务型领导的影响结果

服务型领导作为一种有效的领导方式,对于员工态度与行为、绩效等有着积极的影响作用。Mehta 和 Pillay (2011)发现服务型领导在印度作为一种不断受到研究重视的领导理论,其核心管理理念如领导愿景、价值观、团队协作、满足下属的需求以及授权等可以提高下属的工作满意度,进而激发下属的潜力而提高组织绩效。Schaubroeck 等(2011)以香港 191 个服务团队为研究样本,将服务型领导与变革型领导对团队绩效的影响进行了比对研究,比对结果发现前者更能积极影响团队绩效,这一过程的实现主要是通过心理安全以及情感型信任实现的。Peterson 等(2012)以高科技组织的 126 名 CEO 为研究对象,研究了服务型领导、自恋、创始人与否、组织认同与企业绩效(以资产回报率作为衡量指标)之间的关系,通过对多时段收集的数据的分析表明,服务型领导通过组织认同等中介作用提高组织绩效水平,在企业管理中可以运用服务型领导方式进而获得更好的绩效。Gary(2016)在 2014 年以浙江省的地级市公务员为样本,研究发现服务型领导可以通过提高下属的公共服务导向进而提高下属的工作绩效,服务型领导通过模范作用以及强调在组织内部与外部服务的重要性进而提升下属的高水平服务导向,公共服务导向在二者间起中介作用。

国内学者也针对服务型领导对绩效等的影响做了很多的研究工作。凌茜和汪纯孝(2012)针对餐饮行业的员工运用多层次线性模型分析的结果表明,服务型领导通过影响员工在工作中的态度进而对其提供的服务质量产生影响，具体而言，是通过直接作用于工作满意度进而间接影响追随者的服务质量。赵红丹和彭正龙（2013）选取上海某大型企业 140 个独立工作团队作为调研对象，研究领导成员交换和团队成员交换的中介作用以及团队差序氛围的调节作用，从社会交换理论视角对服务型领导与团队绩效的影响机制进行了实证研究，研究结果发现，服务型领导可以显著正向地提高团队绩效。Ding 等（2012）以中国高校 MBA 的学员为样本的研究发现，服务型领导可以提高下属的忠诚度，员工满意度在二者之间起完全中介作用。他们认为要提高下属的忠诚度，领导不仅要表现出服务型领导的领导方式，也要将下属的心理满意度考虑在内，进而提高企业的绩效水平。Chen、Zhu 和 Zhou（2015）认为一个好的服务型领导者会在下属试图完成工作目标以及掌握新的技能时给予及时的援助，服务型领导者的这些付出能够提高下属在为客人服务过程中的能力以及创造力；此外下属也会学习、模仿服务型领导者在领导过程中的领导行为，并将其运用在日常工作中，因此服务型领导者与下属的服务质量、顾客导向的组织公民行为和顾客导向的亲社会行为等服务绩效正相关。

服务型领导也可以正向预测员工的各类行为。Ehrhart（2004）以 249 个研究团队为研究样本的跨层研究发现，服务型领导显著正向预测部门层次的员工组织公民行为。Walumbwa 等（2010）的研究也发现了这一规律。Ebener（2010）在公共组织部门运用多种研究方法包括焦点小组等方法对服务型领导和组织公民行为的关系进行了研究，结果表明二者之间呈正相关关系。Brubaker 等（2015）在非洲中东部的卢旺达以非政府组织成员为样本的服务型领导研究发现，服务型领导通过领导效能积极作用于下属的组织公民行为。

高中华和赵晨（2015）以北京等 5 地的旅游和酒店管理企业为样本，对服务型领导与员工组织公民行为之间的关系进行了实证分析。研究者们认为现有服务型领导对下属组织公民行为的影响的研究主要有三个理论视角，主要为激励理论视角、社会交换视角以及社会学习视角，但两位作者认为社会认同理论似乎更能合理解释两者之间的关系。因此他们选取领导认同和组织认同两个变量充当服务型领导与员工组织公民行为间的中介变量，实证研究结果表明领导认同在服务型领导与组织公民行为二者间起着完全中介作用，而组织认同的中介作用却没有得到证实。他们认为下属组织公民行为的动因更多来自对领导者行为的认可与接受。

邓志华等（2012）将服务型领导对员工的工作满意度和组织公民行为的作用效果与家长式领导的作用效果进行了比对研究，模型统计分析表明，虽然两种领导方式均能提高员工的工作满意度与组织公民行为，显著降低员工工作场所偏离行为的发生，但对比研究发现服务型领导在我国背景下能产生更好的效果，更能提升下属对工作的满意度以及组织公民行为，更能减少下属在工作中的工作场所偏离行为。Hu 和 Liden(2011)针对银行业样本的研究发现，团队层次的服务型领导可以显著提高团队层面的组织公民行为和团队绩效，团队效能在二者之间起中介作用。张军伟等(2016)认为以往服务型领导效应的中介变量研究主要是从对组织或者工作团队的感知、对消费者的服务是否会受到组织支持和奖励的共享感知、对领导的认知与态度、员工对自我的认知、员工的动机这五个角度出发，但未涉及团队成员之间关系在其中的中介作用。因此他们引入宽恕氛围对其作用机制进行了研究，他们以 50 名直属主管和 294 名员工的配对数据为样本的研究发现，服务型领导对宽恕氛围产生正向影响的途径可以通过社会信息加工理论和社会学习理论获得。宽恕氛围作为一种外在环境因素，会向组织成员传达仁慈、包容与利他等行为才是正确的，是组织所期望的行为，当团队成员之间发生矛盾或冲突时，组织成员之间受此影响会更加包容与理解对方，彼此间的相处也更加和谐自然，进而增加组织公民行为。

服务型领导还能正向促进下属的建言行为。Hakan 等(2005)在土耳其以 10 所高校为研究对象，研究了服务型领导与下属建言行为之间的关系。研究结果表明服务型领导通过积极影响心理授权以及心理安全进而提升高校内部成员间的建言水平。Liang 等(2014)认为下属在服务型领导身上感知到安全，因此在进行建言这类有风险的活动时能感到更放松，因为他们相信这类活动即使可能导致不利的结果，但他们的领导会进行公正的裁决，不会遭受到不公正的对待。简言之，服务型领导有助于消除其下属进行建言的负面顾虑，增加下属的心理安全感而促进其建言行为。孟春艳等(2014)在医疗卫生系统研究了服务型领导与护士建言行为二者之间的关系，二者呈现正向相关关系，这一过程是通过领导成员交换的中介作用所实现的。朱玥和王晓辰(2015)发现服务型领导通过作用于领导成员交换进而正向影响员工的建言行为。Yan 和 Xiao (2016)以长沙市的乡镇公务员为样本，通过跨层的方法研究发现，服务型领导通过提高下属的心理安全感进而正向影响下属的建言行为。

服务型领导还可以对信任、创新、工作满意度等其他结果变量产生积极影响。Joseph 等(2005)认为服务型领导这一领导风格和领导特质对建立领导者与下属之间的相互信任感有极大的促进作用，此外也有利于提升团队间的互相信任程度。庄子匀和陈敬良(2015)采用上下级配对数据，考察了服务型领导对员工创新行为和团队创新能力的影响，多层线性模型和层次回归结果表明，服务型领导显著提升团队的创新能力以及员工创新行为是通过作用于领导原型以及领导认同实现的。Neubert 等（2008）认为服务型领导可以提升定向（Promotion Focus）来激发下属的帮助和创新行为。Vaneet Kashyap（2014）以印度 253 位下属为样本，针对服务型领导与员工离职倾向进行的研究发现，服务型领导能够减少员工的离职倾向，品牌感知与下属的信任程度中介了这二者之间的关系。

吴维库等（2009）以我国 8 家企业为研究对象，研究发现服务型领导可以提高下属的工作满意度，这一影响机制的实现是通过影响员工的情感承诺和功利性承诺实现的。朱玥和王永跃（2014）通过浙江省 5 家企业的下属与领导的配对问卷调查发现：服务型领导对员工的工作满意度与帮助行为有显著的正向预测作用。具体而言，服务型领导通过鼓励员工参与构思组织的愿景，给予追随者适度的工作自主权，满足员工所需的各项服务等典型的领导行为满足员工对自主成长的需求，因此可以显著提升员工的工作满意度。

Miao 等（2014）针对我国公务员的实证分析结果表明，服务型领导正向影响组织内员工的组织承诺，但其对情感性承诺、规范性承诺以及持续性承诺有着差异化的影响。他们的研究认为，领导者作为组织的代言人，是组织政策的实施者，领导者积极的领导方式可以和下属培养良好的社会交换关系，下属会以组织承诺这样一种形式与上级完成交换。具体而言，通过给予下属支持以及机会让其更好地学习新的技能、参与决策，服务型领导者可以通过调动下属的情感依附以及对组织的认同，即组织承诺来完成双方良好的互换关系，其中服务型领导者和情感性承诺、规范性承诺这两个维度呈现正相关关系，而对持续性承诺维度没有影响。Hunter 等（2013）以及 Babakus 等（2010）的研究表明，服务型领导是下属离职倾向的一个非常特殊的影响因素。Zhang 等（2012）认为服务型领导正向影响工作与家庭的丰富性，组织认同在二者之间起中介作用。

总之，服务型领导作为领导行为的一个重要研究视角已经获得了较为丰富的研究成果，但不容否认的是，这一有待进一步深入的研究还有大量的研究空白需要进一步探索。首先，尽管现有研究对于其概念、实践组成等进行了研究，也有相应的测量量表，但实证研究的数量还有待进一步丰富，未来的研究一方面要验证其量表的有效性并针对具体情境进行适当的修改与完善。此外，相关学者们指出服务型领导能够对个体、团体和组织产生积极的影响，相关研究也表明，服务型领导能够显著作用于对个体的心理安全、建言行为、员工参与等员工的态度和行为。但是，这些理论观点与实证结论的说服力还略显不足，对服务型领导与员工态度和行为的影响机制的实证研究还有待进一步丰富。而且现有的研究成果大多以西方文化为背景，其研究结论的有效性还有待进一步检验，未来的研究需要在不同情境下引入不同的变量对服务型领导进行更为广泛的实证研究。

第二节 员工行为研究综述

员工心理困扰的出现以及工作态度的改变通常最易外显于其行为层面。有学者指出，这种行为大致可分为角色外行为（Extra-role Behavior）、角色内行为（In-role Behavior）和越轨行为（Deviant Behavior）三类主要的行为（Rotundo & Sackett，2002；Viswesvaran & Ones，2000）。具体而言，角色外行为主要指的是为完成工作职责或任务时的社会和心理环境提供支撑辅助作用的行为，组织公民行为以及建言行为等均是角色外行为的具体表现形式（Organ，1977）；角色内行为指的则是为完成其本职工作或职责被岗位说明书等所明确规定必须完成的行为；越轨行为指的是组织成员不遵守组织规章制度，对组织或他人造成损失的行为。由于现代企业管理水平的提高以及相关法律法规的不断完善，组织内的越轨行为已经得到了有效的控制（Robinson & O'Leary-Kelly，1998）。鉴于此，本书将研究视角主要聚焦于探讨服务型领导行为对员工角色外行为和角色内行为的影响。

一、组织公民行为的相关研究

（一）组织公民行为的概念

组织公民行为（Organizational Citizenship Behavior，OCB）指的是员工主动自发地从事超越组织规章制度明文规定要求的行为，它的重要作用之一在于能通过资源转换、资源改革以及适应性来提升组织业绩和运营效率。Bateman 和 Organ 在 1983 年的研究中把 Katz 和 Kahn 提出的第三种类型工作行为命名为公民行为（Citizenship Behavior），认为它不属于正式的工作说明内容，但却是组织需要的行为，其内容包括自愿承担规定工作以外的任务、帮助表现落后的同事以及维护工作环境清洁，等等，他们将组织公民行为看作一个综合性的整体概念，没有对其进行维度划分。Organ（1988）在随后对这一概念进行了完善，将组织公民行为定义为自发的、有利于组织有效运营但不直接包含在薪酬系统内的个人行为的总和。这种行为是个人主动性的选择，而不是任务或者角色说明书中的强制要求，即使没有表现此类行为也不会因此遭受惩罚。综合学者们的定义我们可以发现对其定义共同的关键点在于：第一，组织公民行为是一种角色外行为，组织公民行为不是被组织相关规章制度强制性规定并要求表现的行为，它是个体主动自发的个体表现行为；第二，组织公民行为的表现与否是没有在报酬系统中得到体现的。通俗来说也就是意味着假设组织成员展现出了组织公民行为，但没有相关依据对其进行相关物质或心理上的奖励，如若不表现也不会因此蒙受任何形式的损失；第三，组织公民行为有助于组织绩效的提高等。虽然接下来也有众多的学者针对组织公民行为的定义进行了一系列研究，如 Borman 和 Motowidio（1993）认为，它作为一种可以维系组织社会以及心理环境的行为，通过作用于组织的社会和心理环境间接地支持任务绩效（Task Performance）的达成。Borman（2004）认为组织公民行为的自主权在于员工个人，与工作职责或任务要求无关，这种行为的展现能够进一步改善利益相关者与员工之间的关系，提高组织应变与协作能力和竞争力，是一种角色外行为。但相较而言，学术界对 Organ 在 1988 年给出的组织公民行为定义更为认同，后来的许多研究者都以他的研究为基础对组织公民行为理论进行进一步的拓展与深化。

组织公民行为在提出初期并没有得到组织行为学研究者的密切关注。但是，随着知识经济时代的来临，员工个性特质的多样化、科技的快速发展以及全球一体化竞争深化等使得企业面对的环境不确定性更加变化莫测。为了应对动荡的外部环境，获得更好的组织发展，传统的层级式结构需不断向扁平化的结构进化，而这一进化的关键点之一在于员工的积极主动和自愿合作。组织公民行为这种不为规制所要求但能促进员工自发积极主动合作和组织绩效的行为，在现代不断成为了研究的焦点。

（二）组织公民行为的维度

迄今为止，学术界对于其结构的组成还有待达成进一步的共识。Podsakoff等（2000）通过文献回顾发现，其结构组成的形式至少超过了三十种。

Smith 等（1983）认为 OCB 包含利他行为（Altruism）与总体服从（General Compliance）两个维度，利他行为主要是与工作相关的，指员工在工作过程中自发主动地帮助他人或团队的行为；后者主要指的是成为一名好员工所应达成的基本规范，例如不迟到早退、不磨洋工等。Williams 和 Anderson（1991）认为行为指向的差异化也能够运用于组织公民行为的分类，可以由组织指向行为和人际指向行为两类组成。

Organ（1988）认为 OCB 包括五个维度：利他行为（Altruism）；员工自发帮

助其他组织成员完成与组织相关的任务或解决与组织相关的问题；任劳任怨（Sportsmanship）：当工作环境不理想时也任劳任怨；责任意识（Conscientiousness）：工作过程中认真负责；公民道德（Civic Virtue）：主动参与有益于组织的各类事宜；文明礼貌（Courtesy）：积极帮助他人预防问题的发生，告知事情可能的潜在风险，尽量避免由于个人的行为产生对他人不利的影响。此理论框架一经提出就获得了学界较高的认可度，Podsakoff 等（1990）在此理论的基础上开发出了一个包含五个维度的组织公民行为测量量表。

Organ 和 Ryan（1995）的元分析结果表明，不同的行业背景、不同的技术组成以及工作性质的差异等情境因素都可能会影响组织公民行为的组成。文化背景以及经济体制这种在某种程度上更广泛的社会情境差异也必然会影响其组成。作为与西方文化和经济体制存在较大差异的中国，组织公民行为的组成在一定意义上也会存在着一定的差异，相关学者也证实了这一点。

林淑姬早在 1992 年以 Organ 和 Podsakoff 等人的研究成果为基础，以中国台湾地区为研究样本开发了一个包括认同组织、协助同事、不生事争利、公私分明、敬业守法、自我充实六个维度组成的组织公民行为测量结构。Farh 等（1997）认为组织公民行为可以由组织认同（在情感上依附于组织，组织利益优先于个人利益）、利他行为（随时主动帮助同事）、责任心（主动接受与认可组织相关规章制度，无论监控与否均能严格执行）、人际和谐（不因一己私利对组织和同事造成影响）与保护公司资源（不因一己私利滥用组织资源）这样的五维结构构成。在 Farh 等（2004）随后的研究中，他们认为组织公民行为组成可以分成十个维度：积极主动、帮助同事、发表意见、参与集体活动、提升组织形象、自我培训、参与公益活动、保护和节约组织资源、保持工作场所整洁和人际和谐。

总的来说，随着对 OCB 研究的进一步了解及研究，其组成结构与维度的描述进一步细化，外延也得到了进一步的宽泛。在进行相关研究时，研究者为研究情境需要更多的是对相关组成维度进行遴选而非将其全部维度列入研究范畴。

（三）组织公民行为的影响因素

国内外学者们普遍认为影响组织公民行为的因素主要有员工个体态度与特征、组织特征和领导方式等。

Organ 和 Ryan（1995）用元分析方法对影响组织公民行为的前因变量的研究发现，以下四个变量，即组织公平感（尤其是程序公平感）、工作满意感、组织承诺和领导支持感等能够显著预测 OCB，其解释力度的大小程度也非常类似。Yan(2012)以中国台湾的 6 条飞机航线的工作人员为研究样本的实证研究发现，情感承诺高的工作人员更易表现出更多的组织公民行为。Lamm、Tosti-Khars 和 Williams(2013)的研究表明环保组织公民行为与一般环境态度有关。个体经过相关测量若结果显示其具备极其强烈且积极的环境态度，领导者可以有更多的机会和时间授权员工进行主动创新的可持续发展，而非花费不必要的时间以及精力对下属进行说服或激励。反过来说，假设员工对组织的可持续发展漠不关心或具有较弱的环境态度，组织领导者就需要付出额外的精力进行二者之间的联系。Garg 等(2013)的研究指出，组织公平中的程序公平、分配公平和互动公平均正向预测员工的组织公民行为，员工在组织中感觉到组织公平对待每个员工时，他们在高质量完成本职工作的同时也会展示出更多的组织公民行为。

在人格特质方面，Organ 等(1995)的研究指出，大五人格模型中尽责性和宜人性两个维度与组织公民行为的利他行为维度显著正相关。仲理峰(2007)的研究指出，由希望、韧性和乐观三个维度组成的心理资本正向影响员工的组织公民行为。吕爱琴等(2012)研究了医院 241 名医务工作者的组织公民行为，研究发现大五人格中的尽责性与组织公民行为中的责任意识和运动员精神两个维度间显著正相关。同时，研究者也发现员工的心理资本也可以作为预测员工组织公民行为的重要变量之一。

组织特征方面，Steffon(2008)的研究发现，若组织结构是高度集权式的，这样的组织中的利他行为以及表达建议的行为则会显著减少。周菲和张传庆(2012)研究发现拥有高绩效工作系统的企业员工会表现出更多的组织公民行为，这是因为这样的企业内部管理系统相对完善，考核制度更加公平公开，其薪酬分配也更加透明，因此组织内部的员工充分地信任企业，进而会更加互帮互助。程德俊和王蓓蓓(2011)运用实证研究的方法研究了高绩效工作系统与组织公民行为之间的关系，发现高绩效工作系统通过认知信任和情感信任的中介作用对下属组织公民行为产生正向作用，分配公平在二者间起调节作用。Pascal 和 Chen 等(2014)证实组织的战略人力资源管理实践对环保组织公民行为有积极的影响，并且战略人力资源管理实践提高组织的环境绩效是通过作用于环保组织公民行为所实现的。

关于领导方式对组织公民行为的影响研究较多，如威权式领导、变革型领导、道德型领导、服务型领导、授权赋能型领导行为等，不同的领导方式对组织公民行为有着差异化的作用。郑伯壎和周丽芳等(2003)的研究表明威权式领导不利于下属组织公民行为的发生，因为威权式领导在管理过程中独断专行，与下属也保持着一定的距离，在工作中也会让下属感受到更多的压力，因此极易导致下属消极工作，挫伤了其工作的自发性与积极主动性，其与组织进行社会交换的动力不断弱化，因而会减少与工作无关的组织公民行为。储小平和周旋娜(2010)的研究也发现，被领导者批评或辱骂过的员工更易失去自我控制感，他们会通过减少展现组织公民行为的方式来找回自我控制感。

解志韬、田新民和祝金龙(2010)对变革型领导与员工组织公民行为关系的实证研究结果发现，领导者的变革型领导行为对员工的组织公民行为有着积极显著的影响作用，变革型领导分别作用于分配公平和程序公平进而影响下属的组织公民行为。Avey 等(2011)的研究指出道德型领导均正向影响指向个人的组织公民行为或指向组织的组织公民行为，下属自尊在几者之间起调节作用。王一任(2013)的研究也证实了道德型领导正向积极作用于下属组织公民行为，其通过作用于组织认同进而影响员工的组织公民行为。邓志华等(2012)将服务型领导和家长式领导与下属的工作满意度和组织公民行为进行了对比研究，模型统计分析表明，相对于家长式领导，服务型领导在提升下属的工作满意度以及组织公民行为有更强大的影响作用，服务型领导在我国背景下具有更好的效果。郎艺和王辉(2016)研究表明授权赋能型领导行为能够有效激发下属组织公民行为的发生，具体而言，其作用机制是通过领导认同感的中介作用得以实现的。

(四)组织公民行为的影响结果

目前针对组织公民行为的作用结果的研究大多集中在其对提高组织效能的维度上。较早前，Organ 等(1988)的研究就发现，下属在工作场所的组织公民行为能够有效减少运营成本，稳定组织系统的有效运转，可以从多个维度提高企业绩效。Nielsen 等(2010)的研究也指出，组织公民行为以团队为单位所表现出来的形式也会正向影响组织绩效。Boiral 等(2012)的研究表明，下属的环保组织公民行为有利于环保组织的环境绩效的提高。

但是，我们也不能忽视组织公民行为可能对组织所产生的消极影响。出于一己私利或受组织强制性规定的组织公民行为可能不会提高组织绩效甚至会产生负向作用(Bolino et al.，2004)。彭正龙和赵红丹(2011)的研究表明，在中国情境下，组织采取的强制性组织公民行为的措施负向影响员工的周边绩效与组织承诺。此外，为了获得更好的印象，员工将组织公民行为视作印象管理工具的一种，就会使得这样的"好战士"变成"好演员"。这些虚假与表面的组织公民行为会破坏组织内部的和谐，增加运营管理成本，增大管理者发现潜在问题的难度，当企业内部的员工降低了对组织或其管理者的信任时，内部的人际矛盾会不断加剧甚至会导致反生产行为的出现。此外，组织公民行为的展现也应控制在合理的范围内，毕竟组织公民行为与任务绩效不能完成替代。

二、建言行为的相关研究

（一）建言行为的概念

随着知识经济的来临与管理新理念的不断冲击，企业在以创新为主题的时代背景下要想保持持久的竞争优势就需要不断更新管理理念，保持良好的灵活性以随时面对变革。大量的实践证明，组织的持续创新以及更优科学决策等问题不仅需要管理层的智慧，更需要发挥组织内的集体智慧。管理层也逐渐意识到员工的自发主动行为以及创造性、建设性的观点可能会给企业的发展带来新的动力，能为组织变革以及更优决策提供更多的可能，对成功的企业管理有着重要的意义。建言行为作为角色外行为的一个重要研究内容，逐渐成为学界的研究焦点。

汉语中，建言行为的含义是：对长辈或朋友规劝、进言。在我国，历来都不乏建言行为的优良传统，唐太宗李世民与魏徵之间的"进谏"故事就是我们耳熟能详的典型的建言行为，同时我国也有许多诸如"兼听则明，偏听则暗"等谚语表明建言行为在人们日常生活中的重要程度。Hirschman 是建言行为最早期的研究者，他认为不同的个体在工作过程中的工作满意度会引发个体不同的表现行为，一种方式就是通过建言的方式表达，另外一种方式就是寻找新的工作，但是忠诚度较高的员工会选择通过建言的方式继续留任。Hirschman 的研究成果为后人对建言行为的研究打下了坚实的基础，发展形成了被大家广为熟知的 EVLN 模型（Exit，Voice，Loyalty，Neglect），即换岗或离职、建言、忠诚和漠视。Van Dyne 和 Lepine（1998）认为建言行为的目的是组织环境的改善与提高，向组织指出不合理的规章制度、行为以及组织在运行过程中可能存在的不足，以不断求得生产过程的改进或组织管理水平的提高所进行的合理化的表达。Van Dyne 和 Lepine 在其接下来对建言行为的研究中认为建言行为的导向是变革导向，以达到现状改善的一种富有建设性与开创性的沟通行为。Takeuchi、Chen 和 Cheung（2012）认为建言行为是员工为了提高组织或工作团队效能，自愿向组织提供想法和建议。我国学者段锦云和钟建安（2005）认为建言行为是旨在组织环境的改善以及变化导向进而提出的有建设性的言语或建议的行为，因此建言行为可能会被认为是一种对组织现状或领导者的一种挑战。梁建和樊景立（2008）认为建言行为可由促进性建言和抑制性建言组成。前者更多指向于提高组织效率的新观点或新建议，后者则更多是指提出在工作实践中降低组织效率的具体问题，如一些效率低下的规章制度和程序、有害的行为，等等。促进性建言和抑制性建言均没有在工作职责描述的范围内。

尽管建言行为的研究受到了国内外学者的广泛关注，但对于其定义还没有统一，不同的学者均提出了各自的定义内涵，总结归纳建言行为的定义来看，建言行为具备下述共同的特征。

（1）自愿性。建言行为既不被组织强制要求，又没有包含在工作说明书中（Van Dyne et al.，1995）。建言行为主要是个体自发主动的行为。

（2）变革导向。建言行为的目的往往为了改变现状而提出富有建设性的观点和建议，尽管其意见与他人有差异也会向组织或领导建言，旨在组织绩效的提高。

（3）利社会性。建言行为的内容通常情况下是针对工作过程中的不足以及其他缺陷，因此这种出于合作动机的所表达的相关观点与建议往往有利于组织管理水平的提升、管理制度的进一步完善。

（4）风险性。尽管建言行为的出发点是合作导向，更加强调他人或组织利益，但由于建言行为会挑战现有利益格局，因此常会被视作挑战行为（Milliken et al.，2003）。例如，利益既得者或当权者满足于现有企业管理现状，他们对于组织内部成员所提出的建言行为持反对态度，这就可能会导致建言者陷入得罪领导或利益既得者的危险中，破坏自己在组织内部的形象以及与他人的人际关系，存在较大的不确定风险。

（5）主动性。建言行为的变革导向特质会带来潜在的风险，因此员工在进行建言与否时往往会对其可能的风险与收益进行评价与权衡，进而做出一种主动性行为。

（二）建言行为的类型

众多学者对建言行为的分类做了大量有益的研究，获得了丰硕的成果，为后人的研究打下了坚实的研究基础。

Hagedoom 等（1999）从冲突管理视角出发将建言行为分为侵略型建言和体谅性建言。Van Dyne 等（2003）认为建言行为依据动机的不同可以分为三种：亲社会型建言的出发动机主要是基于协作，防御型建言的出发动机主要是出于自我保护与防御，默认型建言的出发动机主要是顺从与妥协。三种建言行为虽都会对与工作相关的内容提出相应的观点与建言，但是其可能产生的结果在很大程度是不一致的。Liang 等（2012）从心理学视角出发认为建言行为可以由促进型建言和抑制型建言两类组成。其中，前者指的是个体为提升组织效能或工作绩效所表达的新观点或新建议，抑制性建言则主要针对不利于组织工作实践完成所提出的的想法与观点。段锦云和凌斌（2011）认为建言行为从一定程度上反映了员工在工作过程中寻求独立的需要以及与情境相融合需要的相互对立，因此研究者将其分为顾全大局式建言和自我冒进式建言。邓今朝等（2013）从组织变革视角出发认为建言行为有趋向型建言和规避型建言两种。

目前，在我国文化背景下对建言行为的研究运用最广泛的是 Liang 和 Farh（2008）的研究，研究者以我国企业员工为研究样本开发了具有良好信效度的建言行为的测量量表，并构建了一个由促进性建言和抑制性建言二维度建言行为组成的模型。在随后 2012 年的进一步研究中，Liang 等人对其原有研究的题项进行了删减和完善，完善后的量表依旧由两个维度构成，各维度由 5 个题项进行测量，本书针对建言行为的研究也是采用了该量表。

（三）建言行为的影响因素

在企业管理的过程中，上级领导出现的难以规避的小错误对企业的运营效率及成功与否起着至关重要的作用，下属的建言行为可以为管理者科学决策提供一定的依据。但在我国的组织中的下属经常对组织所存在的问题沉默不言，建言这一良好的传统在近现代难以发挥其应有的效用。因此，如何激发下属的建言行为是当今国内外学者的一个重要的研究热点之一，研究者们从不同的角度出发试图寻找出其内在规律，以激发下属更多的建言行为。纵观现有的研究成果，建言行为影响因素主要可以分为下述几个方面。

Lepine 和 Van Dyne（2001）研究了"大五"个性特征对下属建言行为产生的影响，他们发现个性倾向于外向且具备很强的责任心的下属会表现出更多的建言行为；性格顺从且情绪稳定性差的下属则反之。Grant 等（2010）针对大五人格特质对建言行为的影响研究表明，大五人格特质中的外倾性和尽责性这两个特质均有利于激发下属更多的建言行为。梁建和梁京（2009）以我国一家商务部重点扶持的连锁超市公司的 67 家分店为研究样本的研究表明，下属的主动性个性特征与下属建言行为正向相关，企业在进行招聘时应注重下属的工作主动性特质，遴选出具备主动求变的人才，具备这些特质的下属参与合理化建议活动的水平和程度更高。Crant 等（2011）研究表明下属责任心和主动型人格都会激发下属的建言行为。Nikolaou 等（2008）在雅典的大五人格特征跨文化研究表明，责任心以及情绪稳定性这两个维度显著正向预测建言行为。

人口统计学变量的差异也会对建言行为的发生产生不同的影响。Farrell 和 Rusbult(1985)从年龄以及受教育水平等角度出发研究了其对建言行为的影响，研究发现年轻且受教育高的下属会有更多的建言。Bashshur 和 Michael(2015)从男女性别的角度出发，进行了性别差异对建言行为的影响研究，他们的研究表明，相较于女性而言，男性下属在工作中会表现出更多的建言行为。

下属对工作场所的感知也会影响下属建言行为的选择。Walumbwa 和 Schaubroeck(2009)以美国金融业的从业人员为研究样本研究了心理安全对建言行为的影响，研究发现员工的高心理安全感有利于下属建言行为的发生。Liang 等(2012)对包含心理安全等三个心理变量与员工建言行为的作用机制进行了研究。研究发现，下属的心理安全等三个心理变量都与下属建言正相关，在这些关系中，心理安全对抑制性建言行为有最强的正向预测作用。Yan 和 Xiao(2016)对湖南省长沙市政府基层组织部门的乡镇领导干部运用跨层的研究方法研究了心理安全与下属建言行为之间的关系，研究发现在政府公共部门中，心理安全正向显著影响下属的建言行为。

众多学者还分别从组织气氛(方志斌，2015)、组织公平(Takeuchi et al.，2012)、组织氛围(Morrison，2011)等角度进行了研究。方志斌(2015)研究了组织气氛对员工建言行为的影响，研究发现不同的组织气氛对下属建言行为的作用机制也存在着差异。具体而言，科层性气氛与下属建言行为间呈显著负向作用，而支持性气氛、创新性气氛和公平性气氛则有利于增加下属的建言行为，人际沟通气氛与员工建言行为不存在直接的联系。Takeuchi 等(2012)对我国香港企业员工的配对研究发现，组织公平的三维度在不确定性环境下有不同的交互作用，人际公平正向影响员工的建言行为，程序公平调节了人际公平和建言行为之间的关系，分配公平更深一步调节了这几者之间的双向互动程度。Morrison(2011)认为当个体认为其所表达的相关建议、意见以及观点在其看来是值得且安全时，建言行为发生的频率相对高一些。而且当组织内实行轮流领导制和同事互评等实践活动时，在组织内部形成的这种公平氛围能够降低个体的危机感并提高个体效能感进而导致建言行为的发生。

团队结构的差异也可能对建言行为产生影响。Bashshur 和 Michael(2015)发现团队结构也会影响下属的建言行为，他们认为在组织内部当团队权力的配置不平等或不均衡时，拥有较大权力的个体更容易在组织内部进行建言。当团队组成小、结构层级较为扁平且权力的分布较为均衡时也可以促进建言行为的发生。

Van Dyne 等(2003)指出组织内部所实施的人力资源管理实践也会影响下属的建言行为,当人力资源管理把建言行为作为工作职责和绩效考核的硬性指标时,下属的建言行为也会相应增加。Milliken 和 Lam(2009)的研究进一步证实了此观点,他们发现高绩效工作系统可以作用于下属感知的组织支持而提升下属的建言水平。苗仁涛等(2015)运用配对数据研究了高绩效工作系统与员工建言行为之间的关系。研究表明高绩效工作系统对下属的技能等有很大的促进作用,并能提供下属更多的工作参与感,双方的良性互动可以减少心理契约的破裂,进而激发下属的建言角色外行为。

目前关于领导力视角的影响因素研究较多,现有的各种领导方式几乎都可以对下属的建言行为产生影响。我们发现除了威权领导以及家长式领导的威权领导维度等领导方式会削弱员工的建言行为外(邱功英,龙立荣,2014;周建涛,廖建桥,2012;田在兰,黄培伦,2014),大多数领导行为如服务型领导、真实型领导、诚信领导、信心领导、道德型领导以及变革型领导都可以正向积极影响下属的建言行为。朱玥和王晓辰(2015)对服务型领导与下属建言行为之间的关系进行了研究,研究结果表明服务型领导通过领导成员交换的中介作用,正向作用于下属的建言行为。Yan 和 Xiao(2016)以长沙市的乡镇公务员为样本,通过跨层的方法探讨了服务型领导对下属建言行为的发生机制,研究发现,服务型领导与下属的建言行为显著正相关。李锡元等(2016)研究了真实型领导对下属建言行为的影响,他们研究发现真实型领导是下属学习的榜样与楷模,可以消除下属对建言所产生的风险的担忧,在真实型领导的领导方式的熏陶下,下属会更加真实和开放地表达相关观点,进而促进员工建言行为,其中上司支持感的中介作用与权力距离的调节作用均得到了有效验证。Hsiung(2012)针对台湾样本的研究也发现了诚信领导的作用机理。具体来说,诚信领导更有利于传播正面情感,并且有能力与下属发展正向的社会交换关系,这些都能够不断地激励下属,使得下属在组织面对困难时能够更加积极地发挥主观能动性,并提出相关建议与看法;从团队层面而言,诚信领导能够打造公平的工作环境使下属积极献计献策。

李进、刘军和刘雨川(2016)研究了信心领导与下属建言行为的作用机制,研究表明信心领导在其管理过程中会向下属表达对其能力体现的信心,这样的一种积极的信任可以减少下属源于领导的人际关系压力,进而提高在组织内发表观点和见解的频率。梁建(2014)探讨了道德型领导与员工建言行为之间的关系,他认为道德型领导是下属为人处世时模仿与学习的道德楷模,道德型领导能够在组织内规范与形成符合道德准则的行为,道德型领导的领导行为符合下属的期望时就能带动与鼓励员工参与管理过程，激励员工超越个人得失、积极为组织健康发展建言献策。向常春和龙立荣（2013）通过对 231 个配对调查样本，对参与型领导与建言行为（促进性、抑制性建言）的影响及作用机制进行了研究，研究发现，参与型领导会给予下属较多的参与决策的通道，能够给予下属更多对工作的控制感；参与型领导也向下属传达了无论是抑制性或促进性言论，只要是对组织有利则都会得到公正公平的对待，因此下属的抑制性或促进性建言也会随之得到增加。张晨、朱静和段锦云等（2016）以自我建构为调节变量，建言角色认知为中介变量，以 274 个配对样本研究了参与型领导与下属建言行为之间的关系，他们研究发现参与型领导会创造机会使员工参与到组织的管理中，这种支持性行为有利于员工更详细地了解组织现状，同时参与型领导也会欢迎与鼓励团队成员表达意见，参与型领导与下属这种双方相互信任的关系会使下属乐意并积极主动地表达自己的观点。

Liu 等（2010）研究发现变革型领导与建言行为（建言同事与建言上级）正相关，这是因为变革型领导通过鼓励下属从新视角研究问题，可以让员工有机会对现状提出质疑；变革型领导会厘清组织或团队的使命，可以让员工重新审视他们的工作以及组织，进而提出相关的建议与看法。此外变革型领导也会鼓励与支持员工、关心员工的个人需求以及个人发展，这种支持性的领导让下属更加关注任务与工作，员工在工作中也就更加乐意通过建言来表达他们的一些想法。Wang 等人（2011）的研究也表明，变革型领导对下属建言或者沉默的选择起着非常关键的作用。

一些学者发现管理开放性也能激发员工的建言行为。Premeaux 和 Bedeian（2003）的研究表明随着高层管理开放性程度的不断增加，低自我监控者与高自我监控者相较而言表现出了更多的公开建言行为。Detert 和 Burris（2007）对餐饮行业的 3149 名员工与 223 名经理人的实证研究发现，管理开放性正向显著作用于改进导向型建言行为，在控制个体人格特征、年龄、学历等众多变量的情况下，心理安全感知在二者间起中介作用。凌斌和朱月龙（2010）认为管理开放性均显著正向作用于顾全大局型和自我冒进型建言行为，个体的中庸思维对于二者间的关系有削弱作用。

也有一些学者从文化的角度针对建言行为的发生进行了研究。Botero 等（2009）在美国的跨文化研究也证实权力距离会减少下属的建言行为。Klaas 和 Olson 等（2012）研究发现组织文化对于下属的建言行为有重大的影响作用。他们的研究发现，当组织文化是保守、守旧或排外时，即使组织内的下属遭受到了不公平的处理，他们也不会通过建言来改变处境，而且这种状态通常是一种共性行为。段锦云和凌斌(2011)在引入具有我国特定背景文化——中庸思维的基础上，研究了其对建言行为的影响机制，他们的研究表明，中庸思维一方面会激发下属更多的顾全大局式建言，但会抑制下属自我冒进式建言的发生。魏昕和张志学(2010)针对本土的研究发现，本土的员工受到传统文化以及价值观的影响，具有高权力距离特征的员工在工作过程中往往很少建言，对于领导的意愿以及想法表现出更多的顺从与听从。陈文平、段锦云和田晓明(2013)基于中国文化视角，研究了建言行为的发生机制，他们认为中国传统的面子意识和人情观念会抑制下属的建言行为；同时组织成果受集体主义和谐等特征的影响也会使得下属的建言行为减少。

(四)建言行为的影响结果

学界对建言行为的影响结果的研究相对于对建言行为的影响因素的研究而言偏少，尤其对其结果变量研究还相对比较缺乏，大多数结果变量的研究也更侧重于其可能产生的积极作用，比如对绩效、下属心理健康、创新以及工作控制感和自我效能感等之间的作用(Ng & Feldman, 2012; Parker & Collins, 2010; Avery, 2012; Bashshur & Michael, 2015; 段锦云，王重鸣等, 2007)。

Ng 和 Feldman(2012)的研究发现建言行为对下属的角色内绩效、创新能力及创新思维有积极的正向作用。Parker 和 Collins(2010)的研究则表明建言行为能够提高下属的角色内绩效。Lance 和 Fainshmidt(2012)研究发现组织良好的建言氛围及心理授权能够提升下属的服务绩效。Bryson 和 Willman 等(2013)对建言行为与企业财务绩效之间的关系进行的研究表明，下属建言行为的不同会产生不同的效用，下属在工会的建言行为能有效提升运营效率和营业利润，而对组织进行的直接建言行为则可以促进财务绩效水平的提高。

Whiting 等(2012)的实证研究发现，如果下属向组织的建言行为是科学合理并且是通过深思熟虑后所作出的时，这种专业性、建设性以及科学性的建言行为能够提高领导对下属的绩效评价水平。Avery(2012)在美国高校的研究表明，下属的建言与否和其心理健康之间有显著的积极作用，下属在向组织建言时能从建言行为中知觉到安全感与效能感，这样的行为能够使其心理更加满足与健康。Bashshur 和 Michael(2015)认为组织内部持有不同意见的组织成员或少数派针对组织所表达的观点与建议可以迫使其他成员形成更多的思考，从多维度思考，尽管最终证实他们所提的意见或观点无意义，但是从整体而言有利于团队创新行为的发生。段锦云和王重鸣等(2007)认为员工的建言行为可以提升员工的主人翁意识，充分发挥其工作潜能与主观能动性，对工作控制感及自我效能感有极大的促进作用。

此外，也有研究者发现建言行为能够对下属的程序公正产生积极作用。Avery 和 Quinones(2002)认为若仅仅给予员工一个建言的机会，这样的行为对下属程序公正影响有限，究其原因在于员工认为这样的建言机会更多是名义上的机会，下属真正感知到建言机会是属于个人的才会对程序公正感产生更大的作用。建言效度的高低在建言与程序公正感之间具有不同的作用效果。

此外建言行为还有提高决策效率、抑制人才流失等作用。Gino 和 Schweitzer(2008)的实证研究证实了对建言高的接受力会增加决策判断精准的几率。Detert 等(2013)研究发现，建言所拥有的特殊属性，如改进导向和亲社会等特征可以使领导在进行决策时更加了解实际情况与问题所在，因而作出科学合理的决策进而提高决策效力。魏昕和张志学(2014)的研究表明上级领导是否接受员工的建言行为，对组织有效性与否和决策质量高低有很大的关系。下属建言的专业程度越高，上级越倾向于接受员工的促进性建言行为。Bryson和 Willman 等(2013)研究发现组织内拥有更多的建言通道可以为下属提供更多争取福利和薪酬的机会，从而降低人才的流失率。

三、角色内行为的相关研究

角色理论作为社会心理学理论的一个重要理论为解释个体行为的异同提供了一个良好的理论研究视角。角色内行为也可以叫作核心任务行为，Katz 和 Kalln 两位学者最早于 1978 年将其提出并进行了定义的界定，他们认为角色内行为是员工工作职责的组成部分，能够被组织内的正式薪酬体系所识别，作为组织所要求和强制的行为，其角色内行为完成的好与坏会受到组织相应的处理。随后，Williams 和 Anderson 将角色内行为定义为完成本职工作所必需的一切行为。衡量这些行为的绩效标准主要包括等级评估、质量评价、数量标准以及文件数据记录四大类别。Janssen 和 Van Yperen(2004)认为角色内行为是工作说明书所详细叙述的行为，这种行为会受到组织的命令以及奖惩。这些具体的规章制度与工作流程让工作行为得以显性化，可以使组织任务的协调性和可控性得到实现，最终达到组织的既定目标。综合其定义不难发现，角色内行为与任务绩效大致一致，指的是员工在完成日常工作中的相应的工作任务以及职责。

以往的研究中，学者们通常情况下将角色内行为当作单维度的构念进行测度，对于角色内行为的评价为了规避自评带来的社会称许性的偏差，一般采取上级领导或者主管同时进行评价的方法。在测量量表的研究方面，众多学者获得了较为丰硕的研究成果，如 Williams 和 Anderson 在 1991 年开发了一个 7 个条目的量表对角色内行为进行测度；Alper、Tjosvold 和 Law 于 2000 年从生产率、质量以及成本节约三个角度开发出一个 18 个条目的量表；我国学者周明建 2005 年开发了由 6 个题项组成的角色内行为量表。

由于员工行为一般由角色内行为和角色外行为组成，因此影响服务员工角色内行为也可以在很大程度上视为是对角色外行为的影响，在这方面众多学者从个人、组织等多方面论证了各种对员工行为的影响因素，如服务型领导行为（Liden et al.，2014）、个人特质（Crant et al.，2011）、人口统计学变量（Bashshur & Michael，2015）、心理安全（Yan & Xiao，2016）、自我效能感（段锦云，魏秋江，2012）、高绩效工作系统（颜爱民，胡仁泽等，2016）等。

关于员工角色内行为结果的研究较少，主要聚焦于员工行为对组织绩效的影响。Vandaele 等（2006）指出员工角色内行为可以对员工生产率绩效和质量绩效产生影响，角色外行为可以直接对生产率绩效产生影响，间接形成对质量绩效的影响。

根据对以往文献的回顾可以发现，国内外研究者们对员工组织公民行为、建言行为和角色内行为进行了深入研究，也取得了丰富的成果。现有研究发现，除个体特征、组织特征因素和工作场所相关因素可以积极影响员工的行为，领导行为也是影响员工行为的重要因素。但现有研究更多地从家长式领导、信心领导、变革型领导等角度研究其对员工组织公民行为、建言行为和角色内行为的影响，从服务型领导角度研究其对员工组织公民行为、建言行为和角色内行为的影响的研究还有待进一步深入，相关的实证研究还较为缺乏。尤其是针对服务型领导行为的跨层次研究更是匮乏。因此，在以后的研究中要加强服务型领导对员工行为的跨层次影响的研究。

第三节　高绩效工作系统研究综述

一、高绩效工作系统概述

(一)高绩效工作系统的定义

系统范式的人力资源管理研究认为，在众多的人力资源管理实践技术中，由一些特定技术构成的组合（Bundles）或称系统（System）总是能有效地提高组织的绩效，这种关系在不同的行业间、不同的组织间均具有稳定性，这样的人力资源管理系统因而被称为"高绩效工作系统"（Arthur，1994；MacDuffie，1995；Huselid，1995）。学术界对"高绩效工作系统"的定义在目前还有待进行严格统一。如 Nadler 等（1992）认为高绩效工作系统是通过合理配置组织内部的资源，以满足市场和顾客所需，并最终达到高绩效的一种组织系统。而 Huselid 等（1997）则认为高绩效工作系统是服务于企业战略目标所采取和进行的一系列高度统一的人力资源政策和活动。Appelbaum（2000）在 MacDuffie 的研究基础上提出了给众多学者具有启示意义的高绩效工作系统"AOM"模型，该模型将组织绩效看作组织核心要素结构的派生功能，而下属的能力（Employee Ability）、动机（Motivation）以及参与机会（Opportunity to Participate）则组成了该组织结构，任何组织要提高自己的绩效，必须致力于对三要素构成的改善。后来，一些学者沿用 AMO 理论框架来界定高绩效工作系统，如 Edwards 和 Wright（2001）、Combs 等（2006）、Sun 等（2007）等人都认为，高绩效工作系统包括一系列的人力资源实践，并通过一些中介变量如工作态度、自主性、知识、技能等来改变员工的行为，最终为组织带来绩效和竞争优势。这种界定也反映了高绩效工作系统对组织绩效存在作用机制，而 Boselie（2005）更是发现，2000 年后超过半数的相关文献引用了 AMO 模型。正如高绩效工作系统的定义没有统一，高绩效工作系统的称谓也急需统一，目前高绩效工作系统又被称为高参与工作系统、高承诺工作系统、人力资源管理系统、最佳人力资源管理活动等，但其在本质和含义上基本是相同的，为研究需要本书在此统一称为高绩效工作系统。

总的来说，在复杂多变的组织环境里，组织和领导者对于一组人力资源管理实践所组成的一个基本模块依赖程度不断加强，并据此来分析其对组织或个人的作用程度。因此，高绩效工作系统作为一种人力资源管理实践的动态组合通过作用于下属的能力、态度和动机对组织绩效产生积极的影响，这种组合能够对组织的各类绩效结果产生相互协同的促进作用（Jiang et al.，2012b）。

（二）高绩效工作系统的实践技术

高绩效工作系统由哪些实践技术构成，这是该领域早期研究探讨的一个重点。对此，不同的学者通过实证研究提供了不同的答案。

Huselid（1995）对全美国 968 家企业进行的问卷调查发现，高绩效工作系统由两个维度构成，具体包括 11 项实践技术：招聘、选拔、培训、工作设计、内部投诉、绩效评价、激励薪酬、态度测评、参与管理、信息分享、晋升途径。在对一系列组织水平和行业水平的变量进行控制后，研究发现由这 11 项实践技术构成的高绩效工作系统与组织绩效呈显著正相关关系。Huselid 的研究发表后，系统范式的人力资源管理研究及高绩效工作系统的概念得到了学者们的广泛认同，激发了一大批的实证研究跟进。值得注意的是，后续研究虽然大多直接采用了高绩效工作系统这一概念，但是大部分研究基于自己的研究设计对实践技术要素进行了调整，因而产生了许许多多的高绩效工作系统的模型。可以说，到目前为止，学者们对于高绩效工作系统的要素构成尚未达成共识。为此，Boselie 等（2005）对 104 项实证研究的理论模型进行归纳，总结出了 26 类实践要素，其中，使用频次排名前四位的依次是：培训与发展、绩效工资与奖金、绩效管理、审慎招聘与选拔。

　　上述基于西方企业情境针对高绩效工作系统研究得到的成果会由于文化差异及经济发展差异而与我国的研究结论不一致吗？许多学者以我国企业为研究对象运用案例研究等质性研究的方法先后对我国企业中可能存在的高绩效工作系统进行了探索与归纳（张一驰等，2004；张正堂等，2011；王虹，2010，2011；苏中兴，2010），分别构建了基于中国情境高绩效工作系统的模型，学者们关于其具体维度的组成详见表 2-2。从表中我们可以看到，虽然各个学者的研究结论存在着较多差异之处，但我们也可以看出，中国情境下的高绩效工作系统实践技术组成在内容上还是与西方有着较为明显的区别。比如，资历作用、竞争流动与纪律管理、家族用人是西方文献中从来没有出现过的实践技术。而一些西方的典型实践技术在中国企业中也没有得到有效应用，比如就业保障、员工争议申诉机制、团队工作、行为导向的考核等（苏中兴，2010）。

表 2-2　　　　不同学者的高绩效工作系统实践技术研究结果①

学者（时间）	高绩效工作系统实践技术
Huselid（1995）	正式的工作分析、选拔、正式的培训、正式的绩效考核、绩效薪酬、晋升、参与决策、信息分享
Pfeffer（1998）	雇佣安全、选拔式招聘、自主管理团队和分散化决策、基于业绩的权变式高工资体系、广泛培训、缩小管理级别之间的距离、信息共享
Noe（2004）	结构系统、任务系统、信息系统、人员系统和激励系统

---

　　①　由作者整理所得。

续表

学者(时间)	高绩效工作系统实践技术
Boselie et al.(2005)	培训与发展、绩效工资与奖励、绩效管理、招聘与选拔、团队工作与协作、直接参与、优势薪酬、沟通/信息共享、内部晋升、工作设计、自主/分权决策、工作安全、福利包、正式程序、人力资源规划、利益分享、平等、态度调查、间接参与、多样化与均等机会、工作分析、社会化活动、工作家庭平衡、员工离职管理、人力资源管理职业化、社会责任支持
张一驰等(2004)	基础管理、员工参与、程序公平、管理重点、人际沟通、资历作用、人才来源、录用标准
苏中兴(2011)	竞争流动与纪律管理、薪酬管理、广泛培训、严格的员工招聘、结果导向的考核、信息分享、员工参与管理、内部劳动力市场
张正堂等(2011)	人力资源管理信息化、培训、管理团队、家族用人、信息沟通
王虹(2010，2011)	结果评估、广泛培训、沟通分享、员工福利、工作团队、雇佣安全、权变薪酬和严格甄选
Aryee et al.（2012）	广泛的服务培训、自我管理服务团队、基于服务质量的薪酬、工作设计、基于服务质量的绩效考核、组织内部服务支持、服务的自主权
Takeuchi, Chen, Cheung(2012)	薪酬福利、工作设计、培训开发、招聘选拔、员工关系、沟通、绩效评价和管理、晋升和离职、保留和退出管理
Kehoe et al.（2013）	正式的选拔测试、结构化面试、招聘、有竞争力的薪酬、培训机会、基于个人与团队的奖励、正式的绩效考核机制、择优晋升、正式的参与决策机制、信息分享、工作的自主性
Chang et al.（2014）	广泛的培训、股权激励、利益分享、发展导向的绩效考核、工作轮换、参与管理、工作团队、信息分享、社会化、平均主义的推广

(三)高绩效工作系统实践技术之间的关系

高绩效工作系统强调的是系统效应，更注重多项管理实践活动在其管理中共同发挥效用，也就是说，组织所运用的这些人力资源管理实践技术在实施过程中不是独立的，而是相互关联发挥作用的，这些实践技术之间的关系呈一个怎样的构造，高绩效工作系统的效能的作用是否受到影响，受到何种类型的影响等诸如此类的问题是系统范式的人力资源管理研究中的重要问题之一。因此，实践技术之间的关系一直是高绩效工作系统研究探讨的一个热点。

Delery 和 Doty（1996）指出，高绩效工作系统的各个实践技术间要么是加法关系，要么是交互作用关系。加法关系是指各实践技术独立作用于结果变量，系统的总体效应为各实践技术的效应之和，因此组织采用的人力资源技术越多，会带来越多的绩效提高。交互作用关系指各实践技术间相互影响，交互作用又可分为两种，替代关系或协同作用。当两项人力资源技术对结果变量有同样的效应时，这两个实践技术间就是替代关系。因此，同时采用两个实践技术不会给组织带来绩效的提高，而是管理成本的增加。当两个实践技术作用于结果变量的过程中互相影响，这两个实践技术间就是交互作用关系。这时，它们产生的效应不是这两个实践技术单独效应的简单相加，交互作用可能是正向的，也可能是负向的，因此共同效应可以大于，也可以小于效应之和。Delery（1998）进一步指出，高绩效工作系统与组织绩效的关系受各项实践技术之间匹配程度的影响。当各实践技术互相匹配时，实践技术间能互相支持、互相补充、协同作用，产生乘法效应，构成一个对绩效具有显著促进作用的系统。当实践技术间匹配程度不高或不匹配时，由于缺乏协同效应，对绩效的促进作用会被弱化，这种观点被称为协同论，高绩效工作系统内部实践技术间的这种匹配则被称为"横向匹配"。高绩效工作系统的协同效应已经得到一些实证研究的支持，但是实践技术关系的实质，即实践技术间相互影响的方向及程度尚没有得到深入分析。从现有的文献资料来看，目前不论是西方还是国内理论界，尚没有学者对实践技术关系的实质进行实证研究，可以说实践技术之间的关系这样一个对系统范式的人力资源管理研究十分重要的问题，依然悬而未决。

（四）高绩效工作系统的理论研究视角

长期以来，人力资源管理研究领域的一个重点与热点就是探寻高绩效工作系统对组织绩效的作用机制这一所谓的"黑箱"研究（Becker & Huselid，2006）。近些年来，大量的研究者从不同的理论视角对这一研究议题予以了较为深入的理论推导与实证检验，极大地促进了人力资源管理学科的进一步发展与进步。Boselie 等（2005）发现在众多人力资源管理对绩效影响的关系研究中，对于这一"黑箱"机制的讨论仍有待进一步深入探究，在此研究中最常用到的主要有三种理论框架，即"权变理论""资源基础观"和"AMO 模型"。首先，"权变理论"认为人力资源管理在对企业绩效的作用过程中会受到外部环境因素的影响，因此他们主张企业人力资源战略的执行应结合实际的组织和环境背景，认为二者间的关系会由于权变因素的影响而发生相应的改变。因此现有关于权变理论的研究主要在于对潜在存在的权变因素的探寻与检验，如企业文化（Katz & Kahn，1978）、组织承诺（Wright et al.，2003）、组织战略（Wright & Snell，1991）、智力资本（Youndt et al.，2004）以及权力距离（Wu & Chaturvedi，2009），等等；"资源基础观"则认为人力资源管理对于绩效的作用过程主要是通过组织的人力资本以及社会资本实现，Takeiichi 等（2007）以及 Evans 等（2005）的研究也分别证实了这一研究结论；"AMO 模型"则认为人力资源管理通过作用于员工的"能力""动机"和"参与机会"进而影响员工绩效（Appelbaum et al.，2000）。Paauwe（2009）的研究进一步地表明 AMO 模型的应用侧重点更集中于个人层面，关注员工个体的相关技能以及胜任力、动机和参与机会。

二、高绩效工作系统的影响结果

将组织的人力资源管理活动视为系统来进行研究是近二十年来西方人力资源管理研究中吸引最多关注、发展最快的一种主流范式（Kaufman，2010），也已逐步成为国内学术界的研究热点，尤其是高绩效工作系统作为能提升组织绩效的关键因素之一，获得了大量学者的研究支持。Datta 等（2005）发现高绩效工作系统在不同行业间对绩效的影响程度也大为不同，他们发现高绩效工作系统在低资本密集度、高增长、高差异化的行业中对绩效的促进要显著大于低资本密集度、低增长、低差异化的行业，差异是如此之大，以至于在低增长、低差异化的行业中高绩效工作系统的效应值甚至为负。Combs 等（2006）对 1990 年至 2005 年 92 个相关研究进行了元分析，结果显示，相对单个的实践技术而言，人力资源管理实践作为系统对组织绩效有更显著的促进作用，此外他们的研究还发现在不同行业间高绩效工作系统对组织绩效影响的效应也存在较大差异，他们的元分析发现，高绩效工作系统在制造业中的总效应（0.30）高于平均总效应（0.20），几乎是服务业（0.17）的两倍。Patel、Messersmith 和 Lepak（2013）以 215 家科技型中小微企业为考察对象的实证研究发现，高绩效工作系统通过作用于组织二元性对组织绩效产生正向作用。这是因为高绩效工作系统可以让人力资源更加匹配、更具柔性，高绩效工作系统的工作分析，基于工作描述的招聘、绩效评价、针对性的培训以及激励性薪酬等可以确保组织的员工具备相应的知识、技能以及能力高效地完成其本职工作。此外通过入岗的匹配和针对性的培训可以使员工高效完成工作任务，组织中的员工有更多的时间进行探索性的活动。高绩效工作系统也可以通过给予额外的资源、工作安全条款、高参与度和信息分享等实践在企业内培养相互信任与支持的环境，这样一种 Wright 和 Snell（1998）称之为一个组织的"参与性基础设施（Participative Infrastructure）"的环境让员工能对外部环境的变化随时作出调整（Wei & Lau，2010）。一旦组织能够通过人力资源系统培养更适应环境能力的劳动力，这些员工的创新行为以及绩效都会得到提高。

Chuang 和 Liao（2010）研究发现 HPWS 的实施有利于组织绩效的提高，这是因为高绩效工作系统在向下属传达组织"关心员工"和"关心顾客"的信号等方面有极大的优势，这会提高下属在工作中的服务绩效与帮助行为，进而提高组织绩效。Chand（2010）的研究表明人力资源管理实践有利于公司利润率的提高，人力资源管理实践通过提升企业服务质量进而带来更高的顾客满意度，以此对公司利润产生积极作用。Ehrnrooth 和 Björkman（2012）基于过程范式认为高绩效工作系统对绩效的促进作用主要得益于"信号效应"以及"控制效应"。信号效应指的是组织实施的高绩效工作系统会向员工传达组织对其个人绩效具有相应的期望的信号，一旦员工感知到高绩效工作系统带来的强烈信号，就会不断规范与提高其在工作过程中的态度和行为；"控制效应"的出发点在于高度认同，指的是企业精心实施的高绩效工作系统通过传达明晰的组织目标与期望，激励员工保持高昂的士气，驱使其建立对组织的高度认同进而努力达成组织目标。

我国学者针对高绩效工作系统对绩效的影响也做了大量的研究工作，获得了较为丰硕的研究成果。张一驰等（2004）发现高绩效工作系统的基础管理、员工参与、程序公平和管理重点等四个构成因素对绩效提高有效性显著，得出了企业的人力资源管理通过促进员工激励和提高员工能力来增加组织竞争优势是一种常态化的现象，群体动力学作为企业人力资源管理工作的关键基础之一起着重要的作用。蒋春燕和赵曙明（2004）以香港企业为样本，不仅得出了人力资源管理实践与企业绩效正相关的与西方一致的结论，同时也发现人力资源培训与保留必要员工、人力资源计划与企业绩效负相关的异于西方主流高绩效工作系统研究的结论。随后乔坤和周悦诚（2008）对 60 篇相关文献进行了元分析，结果显示高绩效工作系统总体上均与组织绩效显著正相关，元分析的结果为高绩效工作系统与组织绩效之间的正向关系提供了强有力的支持。王林、杨东涛和秦伟平（2011）研究发现，高绩效工作系统通过提高组织的动态能力进而对组织新产品成功产生正向促进作用。承诺导向的高绩效工作系统实践向员工传达的长期投资的激励信号远远超出了短期货币可以带来的效应，此外这些旨在拓展员工职业发展生涯的管理实践也更能让员工感受到重视，作为交换，员工也会增加对组织的投入，例如主动学习与高效完成工作的相关或不完全相关的某些特定技能，承担超出其既定工作职责的某些任务等。这些高投入的员工所习得的这些独特技能对新产品的成功研发与生产销售都起着重要的作用。因此，高绩效人力资源系统在组织中所打造的长期承诺氛围，有利于员工的态度和行为的转变，进而可以获得更高的新产品的研发效率以及更好的市场份额。颜爱民、徐婷和吕志科(2015)基于资源基础理论的研究发现，高绩效工作系统通过知识共享的中介作用正向作用于企业人力资源绩效和组织绩效。HPWS 作为企业重要的关键战略资源，企业通过运用高绩效工作系统可以进一步巩固其核心竞争力，有利于企业竞争优势的获得，进而提高组织绩效等。

Riordan 等(2004)指出，通过广泛定义的任务、分权决策、资信共享、高层次培训、跨部门轮换和工作主动性等人力资源管理实践的有力实施，培养下属内心的信念和意愿，可以提高下属对工作和组织的认知水平，有利于良好组织氛围的形成。Appelbaum 等(2000)以三个制造业企业为研究对象，发现高绩效工作系统能够给员工提供更多的参与机会，进而增加其组织承诺。Takeuchi 等(2009)以日本76家企业的846名员工为研究样本的多层次分析的研究发现，组织层面的高绩效工作系统通过作用于组织层面关心员工的氛围对员工层面的工作满意度与情感承诺形成显著的正向影响。Wu 和 Chaturvedi(2009)以三个不同地区的421家企业的员工为研究对象对高绩效工作系统与员工个体的态度等进行了实证研究，研究结果表明，组织层面的高绩效工作系统正向作用于个体层面员工的情感承诺与工作满意度，程序公正在几者之间起中介作用，权力距离的调节作用没有得到证实。

Macky 等(2007)认为高绩效工作系统能够提高员工组织承诺与工作满意度，并且其结论发现组织实施的高绩效工作系统有益于劳资双方共赢。Young 等(2010)以医务人员为研究样本的研究也证实了高绩效工作系统与工作满意度二者间的正向关系，这一作用的实现主要是通过社会认同达到的。Messersmith 和 Patel 等(2011)在公共部门的研究也发现团队层次的高绩效工作系统能提高员工的工作满意度。此外，高绩效工作系统还能提升员工对组织以及员工相互间的信任程度。Searle 等(2011)在欧洲的研究发现证实了这一点。此外 Vanhala 和 Ahteela(2011)以芬兰企业的715位员工为研究样本发现高绩效工作系统也能提升企业内的人际信任。

我国学者发现，高绩效工作系统能够提升下属的工作满意度、工作敬业度、组织认同和工作幸福感并降低下属的离职率。孙健敏等(2009)研究发现，高绩效工作系统能够正向影响下属的员工满意度，但研究者们也指出高绩效工作系统组成的不同实践，企业组成形式的差异化也可以形成对下属工作满意度差异化的影响。苗仁涛、周文霞和李天柱(2013)从社会交换的研究角度对高绩效工作系统与员工态度进行了研究，在这个研究中员工态度由三部分组成，配对研究的跨层实证研究结果显示，高绩效工作系统通过领导成员交换提高下属的工作满意度、组织承诺以及组织信任。下属在组织所构建的高绩效工作系统中有更多参与决策的机会，范围广泛的培训可以有效提高下属的相关工作技能以及知识掌握水平，此外当下属有渠道得到更多与其职业生涯发展的相关资信时，就会更加信任组织，更愿意在组织中继续工作，工作满意度也会得到进一步提升。黄昱方和刘海青(2016)基于服务业和制造业的样本对高绩效工作系统感知对下属工作敬业度的研究结果显示：高绩效工作系统正向显著影响员工敬业度。高绩效工作系统能够满足员工的自主、胜任和关系等基本心理，一旦员工的相关需求得到满足时就会不断强化其内在动机，进而员工敬业度得到不断提高。

李燚和魏峰(2011)采用配对数据以402名企业员工及其领导为样本对高绩效人力资源实践与组织认同二者间的关系进行了跨层次研究，研究者们发现高绩效工作系统各个维度之间对组织认同可以产生不同的作用效果，起积极作用的是内部流动和激励性薪酬，起负向作用的则为人员甄选和广泛培训。黄昱方和刘永恒(2016)的研究也得到了同样的结论，他们以江苏和山东的样本研究了高绩效工作系统对员工组织认同的作用机制，发现了二者正相关的关系。颜爱民、胡仁泽和徐婷(2016)对新生代员工的高绩效工作系统与工作幸福感之间的关系进行了研究，研究结果表明新生代员工感知的高绩效工作系统可以显著提高新生代员工的工作满意度。杜旌、李难难和龙立荣(2014)以银行业的360名员工为样本进行的问卷调查显示高绩效工作系统有助于提高下属的工作活力与主观能动性，降低情绪耗竭，有效提升幸福感，员工自我效能在二者间起部分中介作用。彭娟、张光磊和刘善仕(2016)的研究表明高绩效工作系统的各项实践要素的实施要结合具体情况才能更好地降低下属的离职率，组织将薪酬激励与绩效挂钩的做法对降低组织员工流失率非常有效；组织实施参与机会要素需同时捆绑实施能力发展要素和动机激发要素才能降低员工流失率。

高绩效工作系统不仅对组织绩效以及员工态度产生影响，也能预测员工的各种行为。Snape和Redman(2010)针对英格兰的519名员工实证检验了组织层面的高绩效工作系统与个体层面的组织公民行为之间的作用机制，他们发现了二者之间正向关系的实现是通过员工个体层面的工作自主性得以实现的，个体层面的工作支持感的中介作用没有得到体现。Zacharatos等(2005)认为，企业要想获得更高的绩效水平不仅要求组织内的员工具备较高的技术工艺水平，更需要员工为达到高绩效目标所作出的主动性行为，而企业的高绩效工作系统能够引导员工与企业目标保持一致且诱发主动行为的发生。Gong 等(2011)在中国企业的实证研究表明组织对于高绩效工作系统的投入与组织层面的组织公民行为和情感承诺正相关。仲理峰(2013)研究表明高绩效工作系统可以显著正向作用于下属的角色内绩效以及组织公民行为，员工知觉到的胜任特征在其中起中介作用。颜爱民和陈丽(2016)研究了高绩效工作系统与员工行为之间的关系，研究发现高绩效工作系统有助于促进下属角色内行为和组织公民行为，心理授权在高绩效工作系统与员工行为二者之间起中介作用。

高绩效工作系统也有利于下属创新行为的发生。Chang、Jia 和 Takeuchi 等(2014)对 55 家高科技企业的 238 个团队以及 1059 名下属的高绩效工作系统与员工创造力之间的关系进行了实证研究，跨层次研究结果表明高绩效工作系统与员工创造力之间呈正相关关系。阎亮和白少君(2016)研究了高绩效工作系统对于员工创新行为的作用机制，结果显示，高绩效工作系统有利于双方产生交换关系，因此员工感知的高绩效工作系统有利于下属创新行为的产生。

高绩效工作系统也有利于下属建言行为的发生。BAE、Chuma 和 Kato 等(2011)针对韩国和日本的跨文化研究，在两个国家的研究表明当高绩效工作系统的重点在于充分发挥员工潜力时，下属会表现出责任意识从而更多建言；当员工的薪酬和绩效挂钩时也会引发更多建言行为；企业所实施的高绩效工作系统会使得组织内部的员工更频繁地向组织建言以不断提高生产率和质量控制水平。苗仁涛和周文霞等(2015)研究了由经理级别感知的高绩效工作系统与下属建言之间的关系，二者之间呈正相关关系且组织支持感在二者之间呈部分中介作用。

已有研究表明，高绩效工作系统一直是企业管理领域的研究热点之一，当前高绩效工作系统的研究也积累了大量的研究成果，为高绩效工作系统的深入研究提供了丰富的理论基础。但是，因为高绩效工作系统的复杂性，现有研究仍然有待于进一步完善。具体而言，一方面，高绩效工作系统的相关理论作为具备良好理论与实践价值的理论，其研究成果大多以欧美国家为背景，中国国情下的高绩效工作系统的研究仍然有待深入。尤其是现有针对高绩效工作系统的结果变量更多是考察其与绩效间的关系，对于员工行为的研究还有待进一步研究。另一方面，已有的研究还表明，领导作为高绩效工作系统的重要情境变量，是影响高绩效工作系统的重要因素，虽然学者们研究了家长式(Zhu, Zhang et al.，2013)、变革型领导以及交易型领导(孙怀平，杨东涛，王洁心，2007)、道德型领导(刘蕴 2016)等不同领导行为对高绩效工作系统的影响，但是关于中国国情下的服务型领导行为与高绩效工作系统的跨层研究仍然较少，相关的研究结论还有待进一步拓展。

第四节　心理安全研究综述

一、心理安全的概念

Schein 和 Bennis(1965)最早在对个体和组织变革的研究中对心理安全进行了论述。他们认为，心理安全是组织内部成员普遍共有的一种相互支持的感受，拥有此种感受的成员会愿意承担与完成具有创新性、挑战性或需一定勇气才能完成的任务。此概念一经提出，心理安全的研究得到了国内外学者的广泛关注。纵观其发展历程，现有研究大多将心理安全从三个层面进行研究，主要是个体、团体和组织三个层面。个体层面的主要代表人物是 Kahn。Kahn 在1990 年将个体心理安全定义为一种状态与特征，这种状态与特征能够映衬出其内部的心理状况和自我感知，另外他还结合员工的敬业度，认为心理安全是下属在日常工作中展现出对组织积极有利的行为而不害怕其自身利益受损，因此会影响个人的心理状态，进而表现出不同的工作参与态度。团体层面的心理安全则是以 Edmondson 和 Tynan 两位学者为主，但 Edmondson 和 Tynan 对心理安全研究各有侧重与突出点。前者的研究焦点在于个体与团队之间，他认为心理安全是指一种组织成员的共有信念，即相信组织成员不会难为或惩罚对于表达真实看法的人，在组织内承担人际风险是没有风险的，组织内部成员间相互信任，尊重和关心对方。Tynan 的侧重点在于个体与同事和主管之间。组织层面的代表人物则主要是 Brown 和 Leigh。Brown 和 Leigh(1996)认为组织心理安全下属于组织心理氛围。当组织能够给予下属更多支持性管理以及工作期望，给员工提供多种反馈渠道时，员工心理安全感就能得到不断提升。但纵观心理安全的发展历程，只有 Edmondson(1999)和 Kahn(1990)对于心理安全的概念和意义的阐述更为完整系统，特别是 Edmondson 的经典性研究为后续的实证研究开拓了更多方向和思路。

二、心理安全的影响因素

Roberto(2002)研究发现组织内成员地位的不同会影响个体的心理安全，会导致组织成员选择放弃对团队所关心的问题进行讨论和分析。Nembhard 和 Edmondson(2006)以医疗行业的 23 个医生团队为研究样本发现，在职业层级中的身份地位会显著影响团队的心理安全，这是由医疗卫生行业的从业者高专业化程度导致的，其在团队内部形成的职业地位不同对其他成员的心理安全也有着差异化的影响。

Atkinson(2004)研究表明如果组织内部成员信任组织内部与其共事的同事，组织成员对于其所处环境中的威胁与恶意不会感觉那么强烈。Edmondson(1999)和May(2004)则从组织制度层面对心理安全进行研究，他们发现如果组织制度是科学合理的，下属对于制度缺陷对个人造成不利影响的考虑时间将会大大减少。朱学红等(2008)认为若组织能够在一定程度上容忍下属失败，甚至在组织内鼓励失败，这种信任的表征非常有利于增强下属的心理安全感，下属在表达虽不精准但发人深思的观点时会更加自由与主动。

Carmeli 和 Brueller 等(2009)研究了高质量人际关系与组织心理安全感二者间的作用机制。他们发现了二者之间的正向影响作用，组织内高质量的人际关系可以提高组织内的学习行为，而这一过程通过心理安全的作用得以实现。在随后 Carmeli 和 Gittell(2009)以以色列两个不同行业为研究样本对高质量人际关系、心理安全感、知识共享等变量之间关系的研究发现，心理安全在两个样本中一个起部分中介作用而在另一个则是起完全中介的作用。

领导方式作为心理安全强有力的预测变量(Edmondson，1999；Tyan，2005)，已经得到了许多研究的证实。Shin 和 Zhou(2003)认为变革型领导敢于承认自身缺点的存在，这意味着可以对相关错误进行公开讨论，变革型领导也能够接受组织成员的个性化思考等，这些都可以提高下属的心理安全。Detert 和 Burris(2007)研究表明，团队心理安全氛围的塑造与变革导向的领导行为和管理过程的支持性、公开性和错误容忍性有积极的联系，变革导向的领导行为通过团队心理安全可以提高团队成员改进导向的意见的表达。Siemsen、Roth 和 Balasubramanian(2008)针对魅力型领导的研究发现，魅力型领导可以增加下属的被重视和关心的程度，同时魅力型领导也具有非常好的示范效应，这样的领导方式会增加下属的心理安全。Walumbwa 等(2009)研究发现道德型领导注重与员工建立诚信的工作关系，员工能感知到道德型领导在管理过程中秉公办理的处事风格和能力，在作出建言或创新这些具有一定风险的行为时就不会害怕受到领导的不公平处理，因为员工可以从道德型领导身上感知到安全。

与此同时，国内众多的学者基于中国情境对影响员工心理安全的因素进行了众多有益的探究。冯永春和周光(2015)从心理安全视角对领导包容性与员工创造行为之间的作用机制进行了研究，研究表明，领导包容行为有利于下属心理安全的提高，这是因为包容的领导是开明的、和蔼的、乐于帮助他人的，当员工有困难向包容的领导寻求帮助时，包容的领导及时予以的支持和帮助让员工更容易感知到安全。此外，领导包容性（Leader Inclusiveness）对团队心理安全也有显著正向作用，也可以缓冲专业地位差异给团队成员带来的不同心理安全感（Nembhard et al.，2006）。卿涛、凌玲和闫燕（2012）研究发现交易型领导可以通过提高员工对领导的信任程度进而对团队心理安全产生正向积极影响。Yan 和 Xiao（2016）针对政府公务员的跨层次研究表明，服务型领导为下属提供服务，对下属的心理安全产生重要的影响，可以激发下属更多的建言等这一类的角色外行为，从而提高工作绩效。刘生敏和廖建桥（2015）研究发现真实型领导一方面通过其真实的领导行为对员工产生群体示范作用，另一方面，真实型领导能合理有效设置团队目标，与下属充分沟通，及时给予支持，从而提高下属的心理安全。傅晓等（2012）研究了家长式领导与心理安全之间的关系，研究表明在和谐的团队氛围中，家长式领导对于组织中的差异和冲突有较大的容忍度，这有利于减轻下属的思想负担，能够在团队里自由表达言论，贡献自己的才智。张鹏程、刘文兴和廖建桥（2011）在中国文化背景下对魅力型领导进行了研究，通过对 196 个领导与其直接下属的配对问卷调查研究表明魅力型领导与员工的心理安全之间积极正相关。这与 Siemsen、Roth 和 Balasubramanian（2008）在其他情境下获得的结论相一致，魅力型领导通过关爱与帮助下属，宣传组织愿景，能够产生很强的示范效应，降低下属对不确定性的困扰，提高下属的心理安全。

　　一些学者也探讨了其他情境因素可能对心理安全产生的影响。Edmondson（2004）研究表明组织的信任和支持可以提高组织成员安全氛围的感知。Roussin（2006）通过案例研究发现"双重发现"的实施能增加组织成员对团队领导的信任和团队的心理安全。他认为通过"双重发现"，组织领导者会更加熟悉与了解员工的价值观、风险观以及信念等，从而可以针对具体情况采取相应的指导措施并予以反馈，双方可以建立一种互相信任的关系。李宁和严进（2007）也证实组织信任能提升下属的心理安全。当组织中的员工认为组织中的其他人是值得信赖时，他们更少地感知到组织环境中所存在的敌对与恶意；当组织中的员工认为组织的规章和制度是公平合理时，员工会很少关心这些制度缺陷可能会造成的潜在不利，因此，员工对组织信任程度的增加会不断提升其心理安全。

三、心理安全的影响结果

　　心理安全受多方面因素的影响，而且其影响结果也非常广泛，心理安全可以对下属的学习行为、创新行为、建言行为、组织公民行为、组织支持感、工作敬业度和工作绩效等方面产生积极影响。

Hirak 和 Peng 等(2012)发现团队心理安全对组织从失败中进行学习起到正向作用。Edmondson(1999)发现,组织成员所共同拥有的心理安全这样一种信念,能让组织成员更积极主动地进行学习与创新而不用过度地思量其在学习与创新过程中可能造成的损失与不利。Kark 等(2009)研究也证实了组织内心理安全气氛的增强与员工的创新意愿正相关。顾琴轩,王莉红(2015)以北京,上海等4个地区的通信、电路等企业的研发团队为研究样本发现,团队心理安全与学习行为和创新绩效正相关。高心理安全的团队可以提出问题、质疑假设,寻求不同观点,反思以往行动等,有利于团队成员在错误中吸取教训,进而有利于团队成员的学习以及创新行为。Chen(2011)和 Detienne(2012)等人的研究结果表明,下属心理安全感水平的增强会使得组织变得更加具有吸引力,增加其留在组织中的意愿,从而下属也会将其关注焦点聚焦于组织的创新行为与工作满意度上。曹科岩(2015)对珠三角地区的高科技企业对团队心理安全感与成员创新行为的关系进行了实证研究,结果表明,团队心理安全通过知识分享的跨层次中介作用正向影响下属的创新行为。Nemanich 和 Vera(2009)认为团队心理安全有利于探索性创新和开发性创新等创新性行为的发生。

Detert 和 Burris(2007)发现心理安全与下属的建言行为正相关。建言行为虽然是针对现状的一种挑战行为,出发点是基于现状的提高或组织现状的改善,但是很有可能会导致组织内冲突或紧张情况的发生进而可能对个人的人际关系或职业生涯造成损害,因此组织成员在建言与否时会对组织环境进行相应的权衡,因此心理安全是影响组织成员建言行为重要的认知变量之一。这一研究结论也同样适用于我国。杜旌、穆慧娜和冉曼曼(2014)研究表明,建言行为的发生受多重因素的影响,心理安全可以对员工建言行为产生直接影响,组织管理者可以据此提升员工的建言行为。梁建(2014)也发现了心理安全与下属的建言行为间的正向关系。当组织成员认为其所提出的相关观点和建议不会受到组织内部其他成员的排斥与打击、所处的环境不会对其产生威胁或报复时,在这样和谐安全的环境下就会降低其对风险的判断进而选择建言。因此管理者可以通过执行相应的措施更有效地对员工的建言行为进行管理。段锦云(2012)从诺莫网络视角研究了下属建言以及沉默之间的关系,他的研究发现,二者作为两个独立的概念会受到下属心理安全的作用,心理安全可以促进下属的建言行为的发生并且会减少下属的沉默行为。黄海艳(2014)的研究表明,高心理安全的团队允许并一定程度上鼓励对错误或失败的讨论，组织成员可以不必压抑与掩饰其真实的表达，就会敢于表达不同的看法，因而组织内就会出现更多的建言行为。邓今朝（2012）通过多层数据模型（HLM）研究发现，心理安全感直接显著影响下属的建言行为，组织内心理安全感水平越高，下属更会表现出献言献策的行为。Yan 和 Xiao（2016）通过建立湖南长沙的基层公务的多层数据模型发现，心理安全积极影响下属的建言行为。于晓宇等（2016）以我国北上广深的生物与制药行业创业企业为研究对象展开研究，结果表明下属的心理安全感对建言行为有直接的影响。

心理安全还会积极影响下属的组织公民行为。唐翌（2005）实证研究表明心理安全正向作用于员工的组织公民行为，二者间呈正相关关系。张燕等（2015）以我国服务行业的员工为研究样本研究了心理安全对员工工作行为的影响机制，研究发现，心理安全与下属的组织公民行为正相关。

Nembhard 等（2006）认为下属的团队心理安全与下属工作质量提升的参与度正相关，下属在组织中感知到心理安全的程度越高越容易参与其中，虽然领导包容性也能对工作质量提升参与度产生间接影响，但是这一间接影响也是通过作用于团队心理安全实现的。

Mu 和 Gnyawali（2000）实证研究表明心理安全对于团队发展协同知识起着重要的影响作用，团队心理安全可以使组织成员充分表达其独特的观点或见解，从而有利于协同知识的发展与运用，团队心理安全的中介作用可以削弱认知冲突对于协同知识发展的负面效应。May 等（2004）也发现工作敬业度是心理安全感的又一个重要的结果变量。随后倪昌红、叶仁荪和黄顺春（2013）等人通过研究发现群体心理安全感的提高有助于提高群体凝聚力，增强员工组织支持感，降低下属的离职率。

心理安全还有助于绩效水平的提高。Mayer（1995）研究表明高心理安全水平的团队可以将更多的时间与精力投身于工作任务的完成，因此能达到更好的团队绩效，反之，低心理安全水平的团队可能会受到组织政治等其他不利因素的干扰而导致团队绩效的降低。Brown（1996）发现心理安全通过工作卷入（Job Involvement）可以对个体工作绩效形成影响。Robbins（2002）研究也发现，高度安全感的下属相较于低心理安全感的下属能获得更好的工作绩效，最终也会对组织绩效产生影响。Baer 和 Frese（2003）研究发现组织心理安全氛围越高，更有利于提升企业的资产收益率与公司战略目标的实现。我国学者也发现了同样的研究结论。李宁和严进（2007）认为心理安全感提升下属工作绩效是通过影响下属的学习与创新能力所实现的。陈国权、赵慧群和蒋璐（2008）以多个来源的样本为研究对象，结果发现心理安全与团队绩效之间呈正相关关系，这一正相关关系是通过团队学习能力实现的，为提高团队的学习能力以及团队绩效，团队建设应充分重视心理安全氛围这一重要因素。刘冰等（2014）以216个团队为研究样本考察了心理安全与团队效能间的关系，结果表明心理安全可以形成对团队效能的正向预测作用，心理安全能够促使团队健康发展，有效提升团队效能。

综合现有研究成果来看，心理安全的理论与应用研究还存在着一定的不足之处，有待进一步充实与完善。具体而言，首先，对心理安全的结构、维度和形成机制还需要进一步深入。此外，已有研究大多基于西方情境，忽略了心理安全在不同情境下的验证和适用性分析。心理安全的形成机制与影响结果在不同文化情境中可能会存在着较大的差异。因此未来心理安全的研究需更进一步扩大研究情境。其次，尽管学者们对影响心理安全的因素进行了大量有益的探索，但是，心理安全产生和形成的影响因素研究仍有待进一步丰富，换句话说，还存在着其他众多可能对心理安全产生作用的因素有待探究。现有研究虽已证实了包括道德型领导、魅力型领导以及真诚型领导可以影响心理安全，但服务型领导与其的关系研究还比较缺乏，服务型领导是否可以和其他领导方式一样形成对心理安全的有效影响还需进一步的研究检验。因此，在后续研究中，应加大考察服务型领导对心理安全的作用研究，以及心理安全在服务型领导与其结果变量之间的关系。此外，心理安全的结果和影响研究大多是其与组织承诺以及创新行为等单一层次的研究，缺乏更多作用结果变量的跨层次实证分析。

第三章　理论模型与研究假设

第一节　已有研究的不足

通过上一章的文献回顾发现，强调服务、利他导向和以人为本等特征的服务型领导不断成为当前领导行为研究的热点，但对于服务型领导的相关研究有许多空白之处需要进行积极的探索和研究（Miao et al. , 2014；Gary, 2016；Yan & Xiao, 2016）。

具体而言，在领导行为研究领域，服务型领导的研究还有待于进一步深化，服务型领导与员工行为之间的关系需要进一步从实证的角度进行研究。众多学者均认为服务型领导与员工行为之间存在着紧密联系，而且一些学者也对服务型领导的内涵等进行了有益的研究，开发出了相应的测量量表，但遗憾的是这些研究成果更多是基于西方文化的背景，服务型领导在我国特殊的文化背景下是否可以发挥同样的作用仍有待进一步的研究与检验。与此同时，虽然有一些实证研究成果也表明服务型领导可以正向显著预测下属的心理安全、离职、参与等员工的态度和行为，但是通过文献回顾发现，当前服务型领导对员工行为的影响机制研究数量较少，服务型领导对组织公民行为、建言行为和角色内行为等员工行为影响的实证研究相对较少，尤其是对服务型领导和员工行为之间中介机制等的研究十分缺乏。

现有针对高绩效工作系统的研究大多研究其与组织绩效间的关系（Sun, 2007；张一驰等, 2004），忽略了高绩效工作系统作为中介变量在领导方式与员工行为结果的研究且已有研究表明，高绩效工作系统受到领导行为的影响并对员工的态度和行为产生显著影响（Den et al. , 2013），但现有研究相对匮乏。本书将考察服务型领导对高绩效工作系统的影响，以及高绩效工作系统对组织公民行为、建言行为和角色内行为等员工行为的影响，并在此基础上研究高绩效工作系统在服务型领导与员工行为之间的中介作用。这不仅有利于进一步探索高绩效工作系统的前因变量和结果变量，也进一步推动了领导方式对员工行为作用机制的研究。以组织公民行为、建言行为和角色内行为等员工行为变量的影响因素研究一直是人力资源管理和组织行为学研究领域关注的重要结果变量。尤其是作为极具本土特色的建言行为在现代的效果已大不如以前，虽然现有的研究已经取得了一定的研究成果，但是国内的相关研究还有待进一步深入和拓展。

此外，心理安全的前因及结果变量仍需进一步研究。当前针对心理安全的研究还存在着较多的不足之处。比如，现有的研究大多从个体特征以及工作环境特征研究心理安全，对于领导行为的影响也大多从交易型领导、变革型领导以及家长式领导出发研究其对下属行为的影响。因此，对于心理安全的研究，需要进一步考察和验证心理安全概念和测量在中国情境下的适用性；考察服务型领导对心理安全的影响，以及心理安全在服务型领导与其结果变量之间的中介作用，分析心理安全对组织公民行为、建言行为和角色内行为等员工行为的影响。本书选择心理安全作为服务型领导与员工行为之间的中介变量，不仅有利于进一步探索心理安全的前因变量和结果变量，也有利于进一步推动领导方式对员工行为作用机制的研究。

总之，基于现有研究的不足以及存在的问题，本书将基于服务型领导的相关理论，研究高绩效工作系统和心理安全在服务型领导对员工行为影响中的作用机制，具体而言，分析服务型领导对组织公民行为、建言行为和角色内行为等员工行为的跨层次影响；分析服务型领导对高绩效工作系统以及心理安全的影响，高绩效工作系统以及心理安全对组织公民行为、建言行为和角色内行为等员工行为的影响和高绩效工作系统、心理安全在服务型领导对组织公民行为、建言行为和角色内行为等员工行为影响中的中介作用等。

第二节　理论模型的提出

在组织研究中，领导方式是员工态度和行为的重要前因变量之一，这一研究结论已经得到了众多研究者的理论研究与实证研究的支持（解志韬，田新民和祝金龙，2010；Avey et al.，2011；邓志华等，2012；郎艺、王辉，2016）。

首先，领导能够作为员工的榜样对员工的态度和行为产生影响（Bandura，1986）。社会学习理论认为人的行为通过后天习得的过程主要分为两类：第一类是指从直接经验中所习得的，即通过"反映的结果进行学习"；第二类是指通过对示范者的行事行为间接所习得的这样一种过程，即通过"示范所进行的学习"。作为示范者，其个人特质、行为方式都会对观察者的行为表现产生影响。换句话说，组织内部的员工通过角色模型的示范作用能够习得组织内可能被期望以及奖惩的行为，在组织中领导者是角色模型的重要来源渠道之一，领导者在领导过程中所表现出来的管理能力、个性特质、工作观、价值观及其在组织中的身份、地位均可以对下属的认知水平以及行为方式产生学习、指导以及示范效应，进而影响下属在工作中的工作态度与处事行为（Bandura，1986；Decker，1986）。现有研究业已证明道德型领导（Brown et al.，2005）以及变革型领导（Groves & LaRocca，2011）等不同领导风格通过社会学习理论的作用对下属的工作态度以及行为等产生积极的作用。服务型领导作为和其他领导类型类似的一种领导方式，按照本书的设想也可以通过社会学习理论进而对下属的行为产生影响，下属的组织公民行为、建言行为以及角色内行为可以看作员工因受领导的感染和影响而展现出的一些学习行为。

其次，领导者对下属态度和行为的影响也可以通过促进下属与组织的交换进而产生影响。具体而言，领导可以通过对工作时间、资金和资信等其他组织资源和下属进行交换使得下属态度和行为发生改变（Wilson et al.，2010）。社会交换理论能够较好地对员工与领导、组织之间的关系进行解释，社会交换理论认为，人与人之间的关系在本质上是一种社会交换关系，在人们得到他人的积极响应与对待时，他们往往也会予以他人积极的回应与对待。虽然在这样一种社会交换关系中双方没有订立一个有形的经济契约来确保回报，但是人们常常确信在未来的某个不确定的时间或场合会得到对方某种形式的补偿或回报。社会交换也隐含着一种互惠原则，这种互惠原则会使得得到好处的一方产生回馈的义务。当组织或领导者对其员工付出经济或社会情感等资源时，他们就会产生一种回报组织及领导的责任意识（Cropanzano & Mitchell，2005）。从领导和员工的交换关系来看，如果领导善待员工，为员工提供晋升、经济回报以及奖励等，作为酬谢，员工就会更加努力地工作（Eisenberger & Huntington，1986）。因此按照本书的设想，服务型领导也可以通过社会交换理论对下属的工作行为产生积极的影响，具体而言，下属的组织公民行为、建言行为以及角色内行为等可以看作员工对服务型领导的一种真心回报。

Levinson（1965）提出了组织拟人性化的思想，认为员工把组织看作人，以组织代理人（即领导和管理者）的特征赋予组织相应的人格特征，并用与人交往的模式与组织打交道。员工常常把组织代理人的行为理解为组织的意愿，而不仅仅归因于代理人个人动机的表达。代理人的行为往往被组织的法规、标准和文化所支持。基于组织拟人化的观点，下属员工将其直接主管视为组织的代理人，组织代理人的行为往往被视为组织的意愿，员工会将主管对他们采取的支持性或非支持性措施，作为衡量组织是否重视他们的贡献和是否关注他们幸福的体现，会把他们从组织代理人那里感知到好或不好的待遇看成组织是否喜欢他们的信号(宗文、李晏墅和陈涛，2010)。服务型领导所执行的相关管理实践与政策与高绩效工作系统所倡导的诸如员工参与和员工关怀等一些实践活动具有较高的匹配度和契合度，根据组织拟人性化的思想观点，二者的高契合度也更能发挥协同效应。此外，还有一些学者发现领导可以通过组织战略、整合组织内部的多种活动、构建高绩效工作系统等途径来影响员工的行为，不同的领导行为对组织人力资源管理政策与效能有着直接的影响(Conger & Kanungo，1987；Den et al.，2013)。以高绩效工作系统为例，邱伟年、崔鼎昌和曾楚宏(2014)的研究表明家长式领导有利于企业高绩效工作系统的构建与形成。孙怀平、杨东涛和王洁心(2007)研究发现变革型领导以及交易型领导均可以对企业的高绩效工作系统产生积极作用，但二者对其组成的相关维度，如内部职业机会、培训、绩效评估和员工参与等产生的作用存在着一定的差异。

社会信息加工理论(Social Information Processing Theory)认为，一个人所在的社会环境为其提供了各种影响其态度、调节其行为的社会信息，因此人们的态度和行为并不仅仅取决于自己的需要和目标，而且在很大程度上受到了周围环境的影响(Salancik & Pfeffer，1978)。心理安全作为塑造在工作场所中如何表现的重要心理条件之一(Kahn，1990)，个体在不同的情境及心理状态下会表现出截然不同的行为。一名道德水平较高的领导者不仅会在与员工交往中展现出各种道德品质(如利他、无私、自律等)，而且也会采用各种管理方式在团队中促进高道德标准行为。因此，道德领导能够利用高尚的价值观和精神融合团队，创造一个良好的人际环境。如果员工认为自己所处的人际环境是没有威胁的、支持她/他们发表自己的观点以及展现相应的行为，她/他们就不会担心由此可能带来的个人风险。这种感知让员工对工作中的人际关系感到放松，高心理安全感的下属在其工作过程中会更积极地产生学习行为(Hirak，Peng et al.，2012)、创新行为(曹科岩，2015)、建言行为(Detert，Burris，2007)、组织公民行为(张燕等，2015)等，反之，则会减少这类有利于组织发展的行为的发生。大量研究均已证实领导行为是下属心理安全的重要前因变量之一。刘生敏和廖建桥(2015)研究发现真实型领导能合理有效地设置团队目标，与下属充分沟通，及时给予支持，进而提高下属的心理安全。张鹏程、刘文兴和廖建桥(2011)在中国文化背景下对魅力型领导的研究也发现了这一规律。综合上述分析我们发现，领导方式与员工行为间的联系相当密切。道德型领导

（Brown et al.，2005）、变革型领导（Groves & LaRocca，2011）、真实型领导（廖建桥，2015）等这些领导方式均可以通过不同的机制对下属的工作态度和行为产生正向的预测作用。这些研究进一步夯实了领导方式正向预测下属行为的结论，也从侧面反映出需要进一步关注不同的领导方式以及其可能存在的中介变量在领导方式与下属行为关系中所起的作用。而当前针对服务型领导对下属行为的实证还相对缺乏，更是鲜有服务型领导通过作用于哪些因素形成对下属行为的影响研究，需要未来的研究对其进一步深化。

基于此，本书针对现有研究所存在的不足并以领导方式可以正向预测下属行为的这一研究思路以及针对各核心变量间关系的阐述，提出系列假设，进而沿着"服务型领导——高绩效工作系统、心理安全——组织公民行为、建言行为、角色内行为"的研究思路，探讨服务型领导对员工行为的影响路径，最终形成本书的理论模型。如图3-1所示。

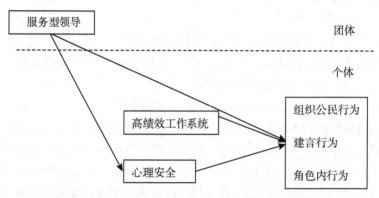

图3-1 服务型领导对员工行为影响机制的跨层次模型

第三节 研究假设的提出

一、服务型领导与员工行为的关系

根据本书的研究内容，我们选择了组织公民行为、建言行为和角色内行为作为本书的员工行为变量，因此，研究假设也将针对服务型领导对三个变量的影响进行阐述。

组织公民行为是员工自觉自愿表现出来的、间接的、不被正式的报酬系统所认可的，但能够从整体上提高组织效能的个体行为（Organ，1988）。服务型领导在其管理过程中充分地信任员工，无私地为员工服务，时刻为员工的利益着想，同时也会对员工进行合理授权，这些服务型领导的正面积极行为很容易让员工更加认同组织、认同其领导，也会形成更高的归属感。因此，在其工作过程中会更加自觉自愿地帮助同事、更乐意完成其本职工作之外的某些任务。具体而言，社会交换理论和社会学习理论为我们理解服务型领导如何产生对员工的组织公民行为的作用提供了良好的理论基础。根据社会交换理论，互惠原则往往在社会互动中起着重要的作用，当个体在某种场合得到了他人所提供的帮助时，他往往会倾向于对其帮助者进行某种形式的回报。服务型领导在其领导过程中充当的是为员工提供服务的角色，在领导过程中关心呵护员工，在员工需要帮助的时候也会及时地伸出援手，员工一旦感受到服务型领导的这些付出，受到互惠原则的影响会对其组织或领导予以相应的回报，而组织公民行为常常作为极其有用的报答方式成为员工对组织或领导进行回报的重要方式之一（汪林，储小平等，2010）。

此外，社会学习理论认为个体表现行为的习得可以通过模仿他人以及榜样的示范作用等方式（Bandura，1977）。领导者从某种意义上来说就是组织的代理人或者象征，有权力控制下属的晋升、奖励、惩罚以及任务分配，因此对下属的职业发展有着至关重要的作用，因而相对于同事，领导应该是员工更倾向于模仿的对象（Lian，Ferris，Brown，2013）。服务型领导在其领导过程中的第一要务就是为下属服务，将员工利益置于首位，也注重员工的福利情况，关爱社区成员，尽力为社区作贡献。服务型领导的这些领导特质与利他主义、文明礼貌、责任意识和公民美德等组成组织公民行为的维度高度对应，显示了服务型领导与组织公民行为之间的相似性和高匹配度。毫无疑问，服务型领导不断引导员工成长与发展，是员工学习的重要榜样。服务型领导的领导特质对下属的利他主义与促进定向有正向的预测作用，员工会更加乐意接受领导者的示范作用，对其表现出来的行为进行学习与模仿，组织公民行为这一行为也常包含其中。相关的研究成果也证实了服务型领导与下属组织公民行为之间的正向关系（Ehrhart，2004；Vondey，2010；Newman，Schwarz，Cooper，2015；Malingumu，Stouten，Euwema，2016；邓志华，陈维政，2012；高中华，赵晨，2015）。Ehrhart（2004）对249个研究团队的研究表明服务型领导与部门层次组织公民行为之间正相关。Newman、Schwarz和Cooper（2015）对服务型领导与员工组织公民行为间的关系进行了研究，他们发现服务型领导可以和下属培养高质量的领导成员交换关系；服务型领导在下属职业生涯中给予的机会与帮助可以使双方形成良好的人际互动关系，在领导过程中给予并鼓励员工参与决策的机会可以使双方形成良好的社会交换关系，因此服务型领导通过与下属形成高质量的领导成员交换关系进而激发下属的组织公民行为。Malingumu、Stouten和Euwema(2016)通过多来源的配对数据研究发现，服务型领导对下属组织公民行为的影响主要是通过领导成员交换的作用实现的，他们的研究发现服务型领导通过为下属服务以及资源支持双方会形成高质量的社会交换关系，根据互惠原则，下属会承担一些不在其本职工作范围内的工作。邓志华和陈维政(2012)以成都某高校的MBA班为考察样本，实证结果表明服务型领导不仅能提高下属的工作满意感，也能激发下属的组织公民行为。研究者们认为服务型领导能使员工产生积极正向的归属感以及认同感，下属在工作中会更加积极主动地协助与帮助同事，进而展现出更多的组织公民行为。高中华和赵晨(2015)认为组织公民行为类似于雷锋精神，组织公民行为在概念与内涵上与服务型领导有很高的相似度，服务型领导通过作用于领导认同正向影响下属的组织公民行为。

因此根据社会学习理论与社会交换理论，员工的组织公民行为既可以看作员工因受领导的感染和影响而表现出来的学习行为，又是对服务型领导的一种真心回报。

综合以上分析，本书提出以下假设：

H1a：服务型领导对员工组织公民行为具有正向影响。

建言行为是指为员工为改善组织环境，向组织指出管理过程中的不足及不合理的行为，以不断改善生产过程或提高组织管理水平等所提出的合理化建议与观点(Van Dyne & Lepine，1998)。建言行为与组织公民行为这类角色外行为一样，往往不能体现在相关的规则制度中，但其对组织效能的提升有很重要的促进作用。尽管建言行为的概念源于组织公民行为，但其又和具有合作性质的公民行为存在着一定的差异(Van Dyne & Lepine，1998)。合作性的公民行为(如帮助行为等)旨在提升双方之间的关系，但建言行为往往是针对现存的制度或体制，建言过程中内容伴随着敏感性，可能会带来某些风险与损失(Liang，Farh，Farh，2012)。典型的建言行为包括提出提高组织效率的建议，强调改变以及说服他人接受观点等。虽然以往的研究也表明这种建设性的建言行为可以使得组织或企业提前发现问题，更易于找到相应的解决途径因此更有利于提高个人及组织绩效(Whiting et al.，2012；Bryson，Willman et al.，2013)，因此下属的建言行为在组织内部是备受推崇的。但对于风险与利益并存的建言行为这一特殊性的行为而言，具有奖赏职权的上级领导行为有关键的引导作用，已有研究也表明不同的领导方式对于下属的建言行为也有不同的影响，如变革型领导会增加下属的建言行为(段锦云，黄彩云，2014；Wang et al.，2011)，而辱虐型领导则会抑制下属公开建言的程度(吴维库等，2012)。

服务型领导作为和变革型领导等领导方式同样有效的领导行为，也能正向预测员工的建言行为的发生。具体而言，服务型领导在领导过程中将下属的利益置于首位，不将下属视为组织的工具；将领导职位视为帮助、支持和协助下属的一个平台；在其领导过程中通过不断地为下属提供服务等可以提高下属的信任水平，最终对下属产生影响。社会交换理论认为，当服务型领导将下属的利益置于首位；在下属成长过程中施以援手；在下属遇到困难时提供各种支持；在工作过程中充分沟通，合理授权等这些服务型领导的领导特质可以认为是其为双方间形成良好社会关系所进行的投入。根据互惠原则，一旦下属感知到领导的付出，他们就会以某种形式的回应作为对领导的回报，而角色外行为就是对领导所付出的回报方式之一。因此，建言行为作为一种创新导向的行为和其他角色外行为一样，被下属视作是对服务型领导的有效回报(Walumbwa & Schaubroeck，2009；Walumbwa，Morrison，Christensen，2011)。通过服务型领导的作用，员工进一步提升对组织或领导者的认同度，这有利于下属工作满意度的进一步提高，因此在工作过程中会更加积极主动地展现建言行为，为组织发展出谋划策。相关研究也证实了服务型领导对员工建言行为的正向预测作用。朱玥和王晓辰(2015)研究发现服务型领导通过领导成员交换的中介作用提高员工建言行为的发生。Yan 和 Xiao(2016)以长沙市的乡镇公务员为样本，通过跨层次的研究方法对服务型领导与员工建言行为的关系进行了研究，研究者发现服务型领导显著正向影响员工的建言行为。Chughtai(2016)研究发现，服务型领导让员工参与决策、充分授权以及为下属个人成长提供支持的这些特质能让员工相信自身在组织内部是一个有价值的员工，就会对组织产生更高的认同度，当他们认为在这样的组织环境中是安全的时候，员工就会选择建言。Duan、Kwan 和 Ling(2014)认为服务型领导可以通过建言效能正向预测员工的建言行为，他们发现服务型领导在领导过程中充分考虑下属的利益，无私地为下属服务这样一种利他的领导方式会对下属产生示范作用，下属在工作过程中会把建言行为视作一种有效服务他人的有效方式，视作组织内部的规范进行学习和模仿。

综合以上分析，本书提出以下假设：

H1b：服务型领导对员工建言行为具有正向影响。

角色内行为作为员工基本工作职责的重要组成部分，可以在组织正式薪酬体系当中得以体现，是组织要求和期望的基本绩效行为，员工没完成好角色内行为会遭受到组织的处罚。服务型领导在管理过程中无私帮助下属，处处为下属考虑、服务，时刻为下属的利益着想。这些积极的领导特质都有利于形成对员工的积极影响。社会交换理论（Blau，1964）认为，服务型领导的这些行为可以被视作其为建立与下属之间良好的社会关系而进行的投入。根据互惠原则，当下属感知到领导的重视和支持时，他们会对现有工作更加满意（Mehta & Pillay，2011），也会更加乐意留在组织内继续工作，在工作中也会非常乐意遵守组织内部的相关规章制度，并以主人翁的态度来积极主动地完成工作，下属会努力完成好本职工作，达成更好的绩效水平作为对服务型领导的回报（Hu & Liden，2011）。

此外，根据 Pratt（1998）的观点，他认为个体会将组织内的价值观以及信仰等糅合进其自身认知以不断求得超越。因此，当服务型领导在组织内部建立了一种强调无私服务与支持他人的文化时，员工就很有可能会吸收这种价值观以及信仰，并在工作中以此为行动准则与出发点。当员工对组织或领导更加认可时，他所表现出来的行为与价值观就会与组织预期更加契合与匹配，员工在工作过程中也会更加乐意规范其工作行为，这样的高匹配度与契合度能让员工更好完成本职工作或角色内行为的同时，也能从整体上提高企业绩效。相反的，当员工对组织或领导行为的认可度低时，个体会感觉到其在组织内是孤立无援的，在领导面前是不受重视的，因此对于组织内部的领导行为等的糅合与吸收愿意程度会不断降低，这种割裂与对立阻碍了其本职工作的高效完成以及组织绩效的提高。已有研究也表明服务型领导正向影响下属的角色内行为，Liden 等（2008）在将变革型领导和领导成员交换这两个变量进行控制以后，发现服务型领导与员工社区公民行为和角色内绩效间呈正向关系。Liden、Wayne 和 Liao 等（2014）以 71 家宾馆的 961 名员工为研究样本，研究了服务下属以及优先满足下属需求的服务型领导如何引导与规范员工的行为，研究表明服务型领导通过正向影响服务文化进而提高组织绩效以及下属的任务绩效、创造力、服务顾客行为，并且与员工离职意愿负相关。Liden、Panaccio 和 Meuser 等（2014）在另一个研究中也发现服务型领导与下属角色内行为二者之间的正相关关系。颜爱民和肖遗规（2017）发现服务型领导通过提高员工的心理安全提升员工工作行为的绩效水平，服务导向在其中起调节作用。

综合以上分析，本书提出以下假设：

H1c：服务型领导对员工角色内行为具有正向影响。

二、服务型领导与高绩效工作系统的关系

Youndt、Snell 和 Dean 等学者早在 20 世纪末就提出，构建一个完善的高绩效工作系统除了需要投入大量的时间和金钱外，更多的是对管理者的管理方式和领导员工关系提出更高的要求。它需要领导者转变领导方式，以下属为中心，充分授权，在员工彼此之间以及员工和领导之间建立互信合作的和谐关系。服务型领导作为一种独特的领导方式，他是通过无私服务的方式推进工作而非使用强权，他在工作过程中充分授权（Dirk van Dierendonck，2011）、注重与下属培养长期关系（Liden，2008）、帮助下属成长和成功（Ehrhart，2004）、尊重员工、关心员工（汪纯孝等，2009），服务型领导者与员工之间形成的是一种和谐的高质量互动关系，因此服务型领导的出现契合了构建高绩效工作系统的硬件条件。此外服务型领导所执行的相关管理实践与政策与高绩效工作系统所倡导的诸如员工参与和员工关怀等一些实践活动具有较高的匹配度和契合度，根据组织拟人性化的思想观点，二者的高契合度也更能发挥协同效应（Patel，Messersmith，Lepak，2013；颜爱民，徐婷，吕志科，2015）。不少研究也已发现领导行为将会直接影响高绩效工作系统（Conger & Kanungo，1987），并且领导者以何种方式向下属执行高绩效工作系统的各种实践对员工的态度和行为亦具有不同的影响（Den et al.，2013）。Lee（2001）以及 Zhu 和 Zhang 等（2013）的研究认为，家长式领导风格所管理的企业其人力资源管理也普遍体现出家长式人力资源管理实践的特征。邱伟年、崔鼎昌和曾楚宏（2014）的研究也表明，家长式领导有利于企业高绩效工作系统的构建与形成，其中仁慈领导与德行领导两个维度与高绩效工作系统正相关，而威权领导这一维度不利于高绩效工作系统的构建。孙怀平、杨东涛和王洁心（2007）基于企业生命周期的研究视角表明，变革型领导和交易型领导均可以对企业的高绩效工作系统（如内部职业机会、培训、绩效评估和员工参与等）产生不同的作用。因此服务型领导作为组织的代言人和其他领导行为一样，能对组织内部的高绩效工作系统的各项人力资源管理政策产生正向积极的影响。

综合以上分析，本书提出以下假设：

H2：服务型领导对高绩效工作系统具有正向影响。

三、服务型领导与心理安全的关系

心理安全作为一种主观感受，它能让个体更加自由真实地进行表达，而不用害怕由于此种行为影响个人在组织中的地位、外在形象以及在组织中的职业

生涯，即一致认为在团队内承担人际风险是没有风险的，相信团队对敢于发表真实看法的人不会刁难、拒绝或惩罚，这种共同信念的建立是基于组织成员间的相互信任、彼此尊重和关心（Edmondson，1999）。从心理安全知觉的前因来看，下级的心理安全与否很大意义上取决于领导者的影响（Edmondson，1999）。服务型领导以下属为中心，行为道德，信任下属且与下属建立良好关系，当下属遇到困难时及时给予帮助。服务型领导的这些领导特质给下属传达了"领导关心、尊重和帮助下属"的信念；服务型领导的首要动机是服务他人而不是控制他人，他们的目的是使下属变得更加健康、明智、自由和善于自我管理；服务型领导不是控制下属，而是向下属提供服务，使其更加明智和自由；服务型领导也不再是价值的榨取者，而是价值的创造者和分享者。根据社会信息加工理论，下属对于服务型领导者的领导行为具有高的认可度，就会不断提升其与领导之间的相互信任与尊重程度，下属能从服务型领导身上感知安全。因此下属在为达成高目标而从事一些具有风险的活动时却能感到更放松，因为他们相信这类活动即使可能导致不利的结果，但他们的领导会进行公正的裁决，他们不会遭受到不公正的对待（Dasborough & Ashkanasy，2002）。服务型领导的这种领导行为与方式，都会促进组织内下属对领导者的信任与信赖，下属相信不论他们做什么，即便是有些许的失误，服务型领导都会公平地对待，不会忽视甚至打击报复，增强了下属的心理安全感。Edmondson（2004）研究发现：支持性的领导行为对下属心理安全感的加强尤为重要。当领导者乐意提供援手，对于下属的某些质疑和挑战表示出容忍时，员工很有可能会认为组织内部或团队内部是一种安全、和谐的氛围。服务型领导则正好契合了这样的管理方式和处事方法，是值得员工信赖的领导方式（Liden et al.，2008；Dirk van Dierednock，2011）。因此，我们有理由认为服务型领导方式在提升下属心理安全感上扮演着重要的角色。已有研究也充分证实了这一点。Hakan 等（2005）在土耳其以 10 所高校为研究对象，结果表明高校服务型领导也可以正向影响下属的心理安全，Schaubroeck 等（2011）的实证研究就发现服务型领导与心理安全间呈正相关关系；Yan 和 Xiao（2016）针对政府公务员的跨层次研究表明，服务型领导为下属提供服务，对下属的心理安全产生重要的影响，从而可以激发下属更多的建言行为等角色外行为。Chughtai（2016）研究了服务型领导与下属工作结果之间的关系，他认为服务型领导通过授权（如让下属参与决策）、提供个人成长的机会等领导行为可以让下属相信自身在组织内部是安全的，领导者的服务型领导行为可以提升下属心理安全，因此下属也会承担一些行为的风险。

综合以上分析，本书提出以下假设：

H3：服务型领导对下属心理安全具有正向影响。

四、高绩效工作系统与员工行为的关系

近来有关高绩效工作系统与结果变量的研究数量呈不断增长的趋势，现有研究成果从多角度证实了高绩效工作系统可以通过组织支持感与工作自主性（Snape & Redman，2010），情感承诺（Kehoe & Wright，2013）以及心理授权（颜爱民，陈丽，2016）来影响和改善员工的态度和行为（Takeuchi，Chen，Lepak，2009；Kehoe & Wright，2013），并最终提高组织绩效。社会交换理论作为重要的理论组成框架，为我们充分了解高绩效工作系统对下属行为产生作用的关系提供了一个良好的研究视角。具体来说，组织的高绩效工作系统这一人力资源管理实践或系统组成各个维度通过社会交换理论的作用可以形成对下属态度和行为的积极影响。因此，众多的研究者基于社会交换理论对二者关系予以了众多的研究（Gilbert et al.，2011；Gong et al.，2010）。

高绩效工作系统能够提高员工的能力、提供激励和参与决策的机会。此外高绩效工作系统的实施对员工的职业生涯规划有着积极的促进与帮助作用，组织成员在此种开放互助和谐的环境中一旦感受到组织对其个人的帮助与尊重，会不断促进双方形成互惠的交换关系，员工与组织之间的高信任度可以得到有效提升，员工会更加乐于在组织中工作，在积极完成其本职工作的同时也会表现出组织公民行为作为对组织的一种回报（Zhao，Wayne，Glibkowski et al.，2007）。另外，企业实行的高绩效工作系统能和员工形成长期、稳定的雇佣与合作关系，因此员工在组织内能感受到组织对他们的关注和尊重，这都能促进下属组织公民行为的展现，对组织绩效的提升也有着积极的作用（仲理峰，2013）。现有较多的研究也证实了这一研究结论（Kehoe & Wright，2013；颜爱民，陈丽，2016）。Kehoe 和 Wright（2013）研究发现组织内部的高绩效工作系统若得到有效的执行，可以有效减少员工的旷工行为，增加下属的组织公民行为，企业实施的高绩效工作系统管理实践如培训、公正的绩效评价以及具有吸引力的薪酬等让员工感觉到其在组织内是受到尊重与重视的，双方的交换关系是基于一种支持性的组织环境，反过来，员工会和组织产生一种感情上的联结，更加积极主动地完成组织的目标，也会更加乐于表示出帮助同事等组织公民行为。颜爱民和陈丽（2016）的研究也发现高绩效工作系统积极正向影响员工组织公民行为。

综合以上分析，本书提出以下假设：

H4a：高绩效工作系统对员工组织公民行为具有正向影响。

建言行为作为员工角色外行为的一种，它的侧重点在于与领导或者同事分享建设性的建议以及意见。组织公民行为与建言行为二者同为角色外行为，但鉴于建言行为具有较大风险但收益未知的特殊性使得二者存在着一定的差异，因此就组织公民行为的发生而言，下属进行建言决策时一方面需要更强的动机，另一方面需要对组织环境作出精准的判断，对建言与沉默作出决策（Dutton，Ashford，Lawrence et al.，2002），毕竟并非所有组织或者领导能够随时接受来自下属的挑战组织现存管理现状的建议（Detert & Edmondson，2011）。社会交换理论作为重要的理论组成框架，为我们充分了解高绩效工作系统对员工建言行为产生作用的关系提供了一个良好的研究视角。具体来说，高绩效工作系统的有效实施有利于员工相关技能的掌握、知识的熟练以及能力的提高，高绩效工作系统也会为下属提供激励以及提供参与决策的通道，并会考虑其职业晋升通道，在这样的高支持性以及高开放性的环境中，下属与领导、组织可以形成高质量的社会交换关系，下属相信组织会为其更好发展提供尽可能的支持与帮助，组织与员工间的高信任度将有利于强化下属对组织的认可度，作为交换，下属会通过表现出更多角色外行为作为对组织的回报与回应。现有研究充分证明了高绩效工作系统可以激发下属的组织公民行为（仲理峰，2013；Kehoe & Wright，2013；颜爱民，陈丽，2016）。因此，建言行为和组织公民行为这一角色外行为一样受到高绩效工作系统的正向影响。苗仁涛、周文霞和刘丽等（2015）的研究也证实由人力资源经理评价的高绩效工作系统对员工的促进性建言与抑制性建言有积极的正向预测作用。此外高绩效工作系统所构建的这种高支持性以及高开放性的组织氛围也有利于提高员工对合理化建议活动的参与水平（段锦云，田晓明，王先辉等，2011）。

虽然高绩效工作系统与员工建言行为的关系仍有待进一步深入，但从高绩效工作系统的组成来看，也可以从一定程度上反映出高绩效工作系统对于员工建言行为的正向预测作用。这是因为从高绩效工作系统的构成维度来看，高绩效工作系统强调员工参与决策与管理、平等沟通、内部公平、雇佣安全等特征，因此企业在构建、实施高绩效工作系统的过程中，通过在机制设计中设置供下属建言献策的相关通道，可以让更多的员工参与到对组织的建言行为当中来（van Prooijen，van den Bos，Wilke，2004）。

综合以上分析，本书提出以下假设：

H4b：高绩效工作系统对员工建言行为具有正向影响。

不同于角色外行为，角色内行为通常是指员工的基本工作职责，角色内行为履行的好与坏是组织内部奖惩的重要依据，这些行为通常构成其日常的工作职责，如工作分析与职务说明书所定义的相关职责。对于我国众多的企业来说，下属完成角色内行为的能力还有所欠缺，有很大的改进空间。造成这种局面的原因在于，我国的产业工人由于没有经历工业革命和泰勒时代的科学管理理念等的洗礼，在一定意义上，相当一部分的劳动力其职业素养与工业化社会所需的职业素养还存在着很大的差距；此外工作分析或职业说明书等对下属角色内行为等描述的工具在我国的应用范围还比较狭窄，因此在中国的企业中经常可以看到岗位职责的交叉与缺失等情况的存在。有学者指出，我国企业缺乏效率的一个重要原因之一在于下属不能认真高效地完成其本职工作所定义的角色内行为，而不是角色外行为的缺失（苏中兴，2010）。高绩效工作系统能够有效影响员工工作行为，尤其对于规范下属的角色内行为具有重要作用（Tremblay，Cloutier，Simard，2010；颜爱民，陈丽，2016）。

　　社会交换理论也为我们提供了一个良好的研究视角，如果组织能够提供较高的薪酬待遇、支持和关心员工的工作及生活、为员工职业发展提供支持、营造良好的组织氛围等，基于互惠的责任感，员工会产生回馈组织的意愿，通过努力完成自己职责范围内的工作、提高对组织的忠诚度以及自觉维护组织形象、做出更多有利于组织的行为等来回报组织对自己的肯定和认同。其次，从高绩效工作系统的组成来分析的话，高绩效工作系统的有关维度也可以有效作用于下属的角色内行为。企业内部明确的绩效考核体系可以使企业形成明确的考核制度，而且考核结果通常会与员工的工资和职位晋升挂钩，这就可以充分调动其工作积极性。这样的绩效考核体系向员工传递着相应的工作目标以及压力，在完成分内职责时会更加认真与积极；此外，规范的员工招聘选拔体系能够为企业选拔到相应的优秀人才，能够从整体上提高员工完成本职工作的能力，形成有效的人力资本积累；人才的竞争流动机制在企业内的运用（如竞聘上岗、末位淘汰等机制的设定）可以激发员工的内在潜能，通过这样的人才竞争流动机制的设立，员工保住其工作岗位的同时，也可通过竞争体现出才华与能力，从而获得更高更好的职位，让其在竞争中体现才华，更能够激发其主观能动性。Tremblay、Cloutier和Simard（2010）研究了高绩效工作系统与下属角色内绩效与角色外绩效之间的关系，研究发现高绩效工作系统通过营造一种支持下属的氛围以及程序公平正向影响下属的角色内绩效与角色外绩效。苗仁涛、周文霞和刘军（2013）从社会交换的视角出发研究了高绩效工作系统对员工行为的影响，高绩效工作系统与员工角色内行为间呈正相关关系。颜爱民和陈丽（2016）认为高绩效工作系统注重员工的成长和激励，能够提升员工的知识和技能，员工能更高效地完成其本职工作。

综合以上分析，本书提出以下假设：

H4c：高绩效工作系统对员工角色内行为具有正向影响。

五、心理安全与员工行为的关系

相关研究业已证实了心理安全对于下属组织公民行为的正向预测作用（Podsakoff et al.，2000；唐翌，2005；张燕等，2015）。这是因为：下属心理安全感知程度的高低对于员工在工作场所具有平和良好的情绪有积极的联系，当个体在工作过程中感知到安全，其情绪将相对更加稳定、心态更为良好，在这样和谐与良好的状态下个体会更加积极地感知周围的环境，在其工作过程中也会更加乐于对同事施以援手。因此，高心理安全的下属在其工作过程中实施角色外行为的倾向性更大。此外，高心理安全的下属较少担忧由于失败所导致的后果（May et al.，2004），因此其行为自主性倾向更为明显，因此更容易表现出组织公民行为（Deci & Ryan，2000）。

心理安全也有利于团队成员工作满意度的提高，组织成员在正常的组织工作完成、学习和协助他人过程中就不会有很大的心理障碍，能够更加自然地参与到工作过程中所会发生的帮助与协助他人的过程中去，进而导致组织公民行为的产生（Podsakoff et al.，2000）。

综合以上分析，本书提出以下假设：

H5a：心理安全对员工组织公民行为具有正向影响。

建言行为既可以视为"角色外行为"，从某种程度上也可以被认为是"对立行为"，建言行为是具有双重属性的特殊角色外行为。因此具有双重属性的下属建言行为若没有改善不良境况，可能会给握有奖赏权的领导者带来负面的印象，对员工自身工作、未来发展等带来负面影响。因此员工在进行建言前会考虑安全与否这一最重要的因素（如损失、威胁等）。当下属感知到组织能接受不同观点的存在、容忍错误、支持冒险，则会强化心理安全，就会愿意承担创新性任务或完成其他需要一定勇气的工作（Baer & Frese，2003）；而在缺乏心理安全时，个体会倾向于保留其某些看法及观点，降低帮助别人的意图（Edmondson，1999）。因而心理安全感一直被认为是一个影响员工建言行为的重要认知变量（Detert & Burris，2007；Yan & Xiao，2016；Chughtai，2016）。

综合以上分析，本书提出以下假设：

H5b：心理安全对员工的建言行为具有正向影响。

心理安全作为一种主观感受，它能让员工感知到自己在工作中能够自由地表达、展现和释放自我，不用担心这种行为会影响到个人的地位、自我形象或者职业生涯（Edmondson，1999；Kahn，1990）。心理安全是塑造人们在工作场所中如何表现的重要心理条件之一（Kahn，1990）。个体在不同的情境及心理状态下会表现出截然不同的行为，也就是说外部环境的变化会影响下属在工作上的投入及观点的表达。因此在一个具有高心理安全感氛围的工作环境中，下属在寻求帮助和反馈时会感到自由与放松，因为这种行为在组织内是受到认可并且是没有风险的，因此在完成工作任务中碰到困难时会积极地向他人学习并主动地寻求解决办法，因而可以更好地完成其本职工作。此外，当员工在一个安全且积极、支持性的环境中工作时，较少受到人际评价或冲突的影响，注意力更加集中，对于工作中所碰到的困难可以投入足够多的时间和精力；彼此间更加亲密的人际关系也会让组织内部的知识流动更加充分，学习能力也会得到不断提高（陈国权，赵慧群，蒋璐，2008），对工作的投入度也会不断加大，进而不断提高其完成本职工作的能力（Nembhard & Edmondson，2006；张燕等，2015）。

综合以上分析，本书提出以下假设：

H5c：心理安全对员工角色内行为具有正向影响。

六、高绩效工作系统和心理安全的中介作用

通过以上分析我们可以得知，服务型领导方式对员工行为产生积极作用的原因有两个。首先，服务型领导作为企业内部的代言人，能够直接影响高绩效工作系统的各项人力资源管理政策，同时服务型领导者与员工之间形成的高质量互动关系也契合了构建高绩效工作系统所需的相关硬件条件。现有研究也表明不同的领导方式对高绩效工作系统有着不同的影响（Lee，2001；Zhu，Zhang et al.，2013；邱伟年，崔鼎昌，曾楚宏，2014）。因此服务型领导作为组织的代言人，其领导行为能对组织内部的高绩效工作系统的各项人力资源管理政策产生正向积极作用。高绩效工作系统所强调的各项旨在能够提高员工的能力等的人力资源管理实践更易于其与组织和领导形成互惠的交换模式，从而激发出员工的角色内行为和超出工作要求的组织公民行为（Zhao，Wayne，Glibkowski et al.，2007）。此外，高绩效工作系统为下属提供了激励以及提供参与决策的通道，在这样的高支持性以及高开放性的环境中，员工与组织之间就会形成良好的互惠社会交换关系，因此，建言行为和组织公民行为这两种角色外行为一样受到高绩效工作系统的正向影响（van Prooijen，van den Bos，Wilke，2004）。总之，服务型领导所执行的以人为本的人力资源管理实践与政策会增强下属对

组织的情感承诺，员工在组织内部的工作会变得更加和谐与主动，在工作过程中也会更加愉悦，双方能形成一种良好的社会交换关系，进而对其工作行为产生影响（Gilbert et al.，2011；Gong et al.，2010）。

其次，服务型领导这种特殊的领导方式以下属为中心，无私服务为核心特征，服务型领导的这些领导特质给下属传达了"领导关心、尊重和帮助下属"的信念，服务领导与下属之间就更易于形成高信任度与相互尊重程度，下属在工作中会更加放松，因此服务型领导这种支持性的领导方式更有利于下属心理安全的增强（Edmondson，2004；Yan，Xiao，2016）。而下属心理安全的增强能进一步促进员工产生组织公民行为（Podsakoff et al.，2000；唐翌，2005；张燕等，2015），建言行为（Detert & Burris，2007；Chughtai，2016）。同时员工在更加放松与安全的工作环境中工作时，他们就能投入更多的时间和精力进行建设性的思考和解决问题，进而不断提高其完成本职工作的能力（Nembhard & Edmondson，2006；张燕等，2015）。因此服务型领导可以通过提升下属对组织环境的安全感，消除下属在为人处世时的相关顾虑，进而产生更加积极的态度和行为（Hakan，2005；Schaubroeck et al.，2011）。

基于上述分析，本书提出以下假设：

H6：高绩效工作系统在服务型领导和员工行为之间起中介作用。

H6a：高绩效工作系统在服务型领导和员工组织公民行为之间起中介作用。

H6b：高绩效工作系统在服务型领导和员工建言行为之间起中介作用。

H6c：高绩效工作系统在服务型领导任和员工角色内行为之间起中介作用。

H7：心理安全在服务型领导和员工行为之间起中介作用。

H7a：心理安全在服务型领导和员工组织公民行为之间起中介作用。

H7b：心理安全在服务型领导和员工建言行为之间起中介作用。

H7c：心理安全在服务型领导和员工角色内行为之间起中介作用。

第四章　研究设计与方法

第一节　问卷的设计

一、问卷的形成

本书采用问卷调查法收集数据。问卷法因其便捷、灵活、高效、成本低等诸多优点而成为了管理学定量研究中最常用的收集数据的方法（罗胜强，姜嬿，2014）。问卷质量的高低可以对研究的质量产生直接影响，因此量表的选择常常是研究设计中应予以重点关注的核心部分之一。不可靠的量表绝对不可能产生可靠的研究结论。在现代组织行为学发展历程中，无数学者刻苦钻研，反复论证，做了大量的实证研究工作，创建了大量的研究量表。这些量表为我们从事定量研究提供了宝贵的工具。采用现有量表进行实证研究有很多优点。首先，现有量表，尤其是在组织行为学文献中引用频次高的量表，往往具有较高的信度和效度（谢家琳，2012）。这些量表通常已被许多学者应用在多种情境、多种样本群体中。反复的应用确保了这些量表能准确地测量它们所代表的构念，也证实了这些量表的稳定性和可靠性。其次，在文献中反复使用的量表认可度高（谢家琳，2012）。学术研究服务社会的一个重要途径是发表论文。在论文审核过程中，研究所用量表的信度和效度是重要的标准之一。而那些已经被反复使用的高质量量表更能得到学术界的认可，更容易被一流期刊发表。实际上，现有量表通常情况下有着较高的信效度和认可度，这些研究成果在不同领域的文献中都占据着及其重要的位置，使用频率也非常高，因此不管国内或国外的研究，在其研究过程中都会沿用现有量表（陈晓萍等，2012）。鉴于以上理由，本书所有的变量均采用现有成熟量表来测度。

问卷调查法虽然有很多优点，但在使用时也有一些需要特别注意的事项。首先，针对问卷所设置的问题，在设计上应清晰无误；要对被试者的回答意愿以及回答能力进行考虑与评估；问题长度越短越好，尽量中肯，不使用带倾向性的词句；问卷的开头要附上说明介绍如何完成问卷；封闭式的问卷结构须注意答案的互斥性和完备性；要进行预调研(Barbi，2005)。陈晓萍等(2012)认为在问卷设计过程中应尽量不出现下述情况：(1)尽量不出现存在双重或多重意义的问题；(2)不出现具有诱导性质的题项；(3)避免使用答卷者必须依赖记忆才能回答的问题；(4)避免启动答卷者为满足社会期望值而答题的动机。

基于问卷设计的选择及其注意事项和原则的认识，结合本书的内容和目的，本书采取沿用现有的量表作为问卷设计的选择。此外，为了进一步保障问卷的信度、效度以及认可度，本书所使用的变量来源均是基于现有文献与实证研究的基础之上。具体而言，本书所使用的量表主要通过了以下几个步骤。

首先，对相关领域的国外顶级期刊，如 *Academy of Management Journal*、*Public Adiminstraion*、*Journal of Applied Psychology*、*Journal of Organizational Behavior*、*Human Resource Management*、*Public Personnel Management* 等相关领域的高质量 top 期刊进行全面的搜寻，并在中国管理研究国际学会网站上寻找相关领域的高信度、效度、认可度的原始量表。通常情况下，顶级期刊论文的发表都经过了十分严苛的专业评审过程，研究过程中所使用的量表的信度和效度必然是评审过程中的关键组成部分之一，也就是说，在顶级期刊或权威期刊上发表的研究成果不管是沿用现有量表或新设计开发的量表都可以视为高质量的量表，这些研究成果的发表不仅有利于提高论文的权威性，也具有更高的接受度和应用程度(陈晓萍等，2012)。

第二，翻译原始量表。优质的翻译也是量表信度的保障(谢家琳，2012)。我们对所有量表采取了双向回译的方式进行翻译。先邀请两位在美国从事组织行为学教学与研究工作的华人学者将所有量表的条目逐条翻译成中文。之后，邀请两位在国内教授英语的学者将中文回译成英文，并反馈给之前进行英译中的两位学者。他们根据反馈修订之前的英译中条目，再次回译，循环往复，直到回译与原文完全一致。然后邀请管理学专业与非管理学专业博士研究生各两名，逐条朗读所有条目，确保每个条目均简明易懂，没有歧义。最后，邀请两位管理学专业教授对译制量表的概念适用性、文化适用性、样本适用性进行了讨论，确定每一个量表均是与本书研究问题最契合，同时又是最权威的测量工具。

第三，问卷的预调研。初步测量量表确定之后，需要对量表的基本信效度进行检验，因此需要进行预调研，以提早发现量表在研究过程中可能出现的问题，针对相应的问题提出相应的解决措施，规避在正式样本调查中可能造成的时间和经费的浪费，进而形成最终的正式调查问卷。值得注意的是，上述三个步骤不是一个直线的过程，而是一个循环的过程。有的测量工具经过了多轮循环才最终确定。

二、问卷的社会赞许性偏差及处理

本书对员工心理安全、高绩效工作系统等变量的测量应用自我报告式进行了问卷调查，因此可能存在着社会赞许性偏差（Social Desirability Bias），社会赞许性偏差指的是参与问卷调查或受访的个体在回答某些问题时呈现对其有利方面的答案的倾向性。渴望获得社会的认同和赞许是社会中每个个体所存在的通性之一，因此个体常常会采取相应的措施和行动避免受到惩处，以给他人留下一个好印象，因此在进行问卷填写时会肯定自己具有社会赞许和认可的特质而否定其不被社会赞许的特征或行为。社会赞许性这种反应偏差的存在会削弱所获数据的精准性，对研究的信效度产生消极作用。由于我国特殊的文化背景，人们出于保护自己面子的目的，会顺从于社会期望，这一社会取向相对来说表现得更加强烈（杨国枢，2004），因此，社会赞许性偏差在中国文化背景下可能更加明显与突出。为了尽可能地获得被试者的真实调查数据以真实地把握被试者的态度和行为，降低其负面影响，相关国内外学者也为我们提供了良好的可供借鉴的做法（史江涛，2007）。研究者们认为可以在问卷设计的过程中进行相应的处理：在量表的选用上，应尽量选用成熟且被相关研究检验有效的测量量表；在措辞表达上要客观、中性；设计一些反向回答的问题进行交叉检验，以推测所获数据的真实程度；在问卷开始部分强调研究的学术性、匿名性以及保密性，尽量消除被试者的警戒心理。

第二节　变量的定义与测量

一、变量的定义

本书的核心变量按其相互影响可划分为自变量、中介变量以及因变量三类。自变量为服务型领导；中介变量包括高绩效工作系统和心理安全；因变量为员工行为（包括员工组织公民行为、建言行为以及角色内行为）。此外，为消除其他因素对中介变量及因变量的影响，特将它们作为控制变量来考虑。现根据前文对三个变量的文献梳理并结合本书的理论构思，将研究中所涉及的各个变量的操作定义归结如下。

(一) 自变量

本书的自变量为服务型领导。关于服务型领导的定义至今没有一个统一的概念，以往许多学者都对服务型领导进行了概念定义，在这里我们借鉴 Liden 等的定义，认为服务型领导是指强调个人诚信，注重与下属培养长期关系，同时也为组织外的各类利益相关者(包括社区和整个社会)服务的一种领导行为。

(二) 中介变量

本书的中介变量包括高绩效工作系统和心理安全。

本书的高绩效工作系统虽至今还没有一个统一的概念，但综合众多学者的研究成果来看，其在维度的划分与实践的组成上基本上是一致的，因此，本书认为的高绩效工作系统是指由一系列的人力资源实践组成的组合或系统，而且这种人力资源管理实践技术组成的组合或系统总是能有效地提高组织的绩效(Sun et al., 2007)。

本书的心理安全采用 Edmondson 的定义，是指团队成员的一种共同信念，即共同认为在团队内承担人际风险是安全的，亦即相信团队不会为难、拒绝或者惩罚勇于发表真实意见的人，这种共同信念的建立根植于成员间的彼此信任、相互尊重和互相关心。

(三) 因变量

本书的因变量包含组织公民行为、建言行为和角色内行为。

本书的组织公民行为借鉴 Organ 等的定义，他们认为组织公民行为是指员工自发的、不直接包含在薪酬系统内，却能够促进组织有效运营的个人行为的总和。这种自发的行为不是任务或角色说明书上的强制要求，而是个人主动性的选择，即使没有履行这种行为也不会受到惩处。

本书的建言行为借鉴 Van Dyne 和 Lepine 的定义，是指员工以改善环境为目的，向组织指出工作中存在的问题及不合时宜的行为，旨在提出改进生产过程或完善管理规范等的合理化建议。

本书的角色内行为借鉴 Katz 和 Kahn、Williams 和 Anderson 的定义，他们认为角色内行为是员工工作的一部分，是用以完成职责范围内工作的所有行为，假如员工不能完成组织规定的核心绩效任务，就会被惩罚。

二、变量的测量

（一）服务型领导测量量表

本书中对服务型领导的测量使用 Ehrhart（2004）开发的服务型领导测量量表，其中包括与下属建立关系、授权下属、帮助下属成长和成功、行为符合道德规范、概念技能、把下属放在第一位、为组织之外的人创造价值七个维度共14 个题项。本书借鉴此量表对服务型领导进行测量，具体题项如表 4-1 所示。

表 4-1　　　　　　　　　服务型领导初始测量量表

编号	测 量 条 款	来源
S1	我的领导花时间与员工建立良好关系	
S2	我的领导在员工中建立了一种团队意识	
S3	我的领导作决策会参考部门员工的意见	
S4	在作重要决策时，我的领导设法在部门员工中达成一致	
S5	我的领导在工作场所以外对员工体察入微	
S6	我的领导以员工个人发展作为工作重点	
S7	我的领导坚持对员工高标准的伦理要求	Ehrhart
S8	我的领导遵守诺言	（2004）
S9	我的领导平衡处理日常细节和未来规划之间的关系	
S10	我的领导让我觉得是和他"一起"工作而不是"为他"	
S11	我的领导努力寻找方法帮助他人追求卓越	
S12	我的领导鼓励员工参与工作以外的社区服务和志愿者活动	
S13	我的领导在探寻解决工作难题的方案上展现出广泛的知识和兴趣	
S14	我的领导强调回馈社区的重要性	

（二）高绩效工作系统测量量表

本书中对高绩效工作系统的测量使用 Sun、Aryee 和 Law（2007）开发的高绩效工作系统测量量表，其中包括员工选择、广泛培训、内部流动、就业安全、清晰的工作描述、注重实效的评价、激励奖励、参与八个维度共 27 个题项。本书借鉴此量表对高绩效工作系统进行测量，具体题项如表 4-2 所示。

表 4-2　　　　　　　　　　　**高绩效工作系统初始测量量表**

编号	测 量 条 款	来源
H1	努力去选择合适的人	
H2	强调长期雇员的潜能	
H3	非常重视任人程序	
H4	在人员的选择上会花费大量的努力	
H5	给需要与客户接触的一线员工提供大量的培训	
H6	与客户接触的员工一般每隔几年都要参与培训项目	
H7	有正式的培训项目教给新员工工作所需的技能	
H8	给员工提供正规计划来增加他们的晋升可能性	
H9	员工很少有晋升的机会(反向计分)	
H10	在这个组织中员工没有发展前景(反向计分)	
H11	组织中的晋升是论资排辈的(反向计分)	
H12	员工在组织中有清晰的职业规划	
H13	服务岗位的员工只要想晋升，就不止一个位置	Sun, Aryee, Law (2007)
H14	只要员工愿意，他们就能留在这个组织中	
H15	员工的工作安全感是有保障的	
H16	工作职责描述很清晰	
H17	岗位描述随时更新	
H18	工作描述准确地描述了每个员工的职责	
H19	绩效可以由客观量化的方式测量	
H20	绩效考核基于客观量化的结果	
H21	对员工的评估强调长期和基于团队的成果	
H22	员工的奖金基于组织的利润	
H23	报酬与绩效紧密关联	
H24	主管常常让员工参与决策	
H25	允许员工作决策	
H26	赋予员工改善工作方式的机会	
H27	主管与员工保持开放性的沟通	

(三)心理安全测量量表

本书中对心理安全的测量使用 Edmondson(1999)开发的心理安全测量量表,共 10 个题项。本书借鉴此量表对心理安全进行测量,具体题项如表 4-3 所示。

表 4-3   **心理安全初始测量量表**

编号	测量条款	来源
PS1	团队成员中如果有人犯错,不会受到团队其他成员的反对	Edmondson (1999)
PS2	团队成员之间能彼此提出尖锐的问题	
PS3	团队成员有时会反对其他成员的与众不同	
PS4	团队成员在团队内部承担风险是安全的	
PS5	团队成员向其他成员寻求帮助是一件困难的事	
PS6	团队成员不会有人故意破坏我工作	
PS7	与团队成员合作,我的个人才智会得到重视和利用	

(四)组织公民行为测量量表

本书中对组织公民行为的测量使用 Aryee、Budhwar 和 Chen(2002)开发的组织公民行为测量量表,其中包括利于组织的公民行为和利于同事的公民行为两个维度,共 9 个题项。本书借鉴此量表对组织公民行为进行测量,具体题项如表 4-4 所示。

表 4-4   **组织公民行为初始测量量表**

编号	测量条款	来源
g1	我乐于帮助新同事尽快适应工作环境	Aryee 等 (2002)
g2	我总愿意帮助同事解决工作中的问题	
g3	若需要,我愿意为同事分担部分工作	
g4	平时我很乐意与同事沟通、协调	
g5	即使没人看到,我也总是自觉遵守规章制度	
g6	我总是认真对待工作,极少犯错	
g7	我不介意接受新的或很有挑战性的工作	
g8	为提高工作效率和质量,我坚持学习	
g9	我经常早早上班,并立即投入工作	

(五)建言行为测量量表

本书中对建言行为的测量使用 Liang(2012)开发的建言行为测量量表，其中包括利于促进性建言和抑制性建言两个维度，共 10 个题项。本书借鉴此量表对建言行为进行测量，具体题项如表 4-5 所示。

表 4-5 　　　　　　　　　　　建言行为初始测量量表

编号	测 量 条 款	来源
V1	我对可能影响本部门的事积极谋发展、提建议	Liang (2012)
V2	我积极提议对本部门有利的新项目	
V3	我为改进本部门的工作流程提出建议	
V4	我为帮助本部门达成目标积极建言献策	
V5	我为改进本部门的管理提出建设性意见	
V6	我劝阻其他同事不要做对绩效不利的事	
V7	即使存在反对意见，我还是坦诚地指出可能严重影响本部门的问题	
V8	即便可能使他人难堪，我也会对于可能影响本部门效率的事情勇于建言	
V9	即便可能会影响和其他同事的关系，当本部门出现问题时，我还是勇于指出问题的所在	
V10	在工作中出现需要协调的问题时，我主动向上级反映	

(六)角色内行为测量量表

本书中对角色内行为的测量使用 Williams 和 Anderson(1991)开发的角色内行为测量量表，共 5 个题项。本书借鉴此量表对角色内行为进行测量，具体题项如表 4-6 所示。

表 4-6 　　　　　　　　　　　角色内行为初始测量量表

编号	测 量 条 款	来源
V1	我完全履行了公司规定的工作职责	Williams & Anderson (1991)
V2	我能达到工作规定的绩效要求	
V3	我参加能直接影响领导对我的绩效评估的活动	
V4	我能充分完成岗位职责	
V5	我能完成分配给我的任务	

第三节　预　研　究

一、预研究的目的

在开始正式研究之前，我们将编制好的问卷举行了一个小范围的试验，主要目的在于预演，以解决将可能出现在问卷发放过程中的问题，根据被试者的体验进行问卷的修改与完善。此外，要针对我们的测量工具进行问卷的信效度检验。评价信度的常用指标是内部一致性系数，量表只有具备稳定性才是科学合理的测量工具。此外，还需要做效度检验，主要考察的效度指标分别是内容效度和结构效度。前者主要是指所测量的内容是否可以精准地覆盖想要测量的目标构念；第二是测验指标的可代表性程度，第三为问卷所采取的形式以及表达对于问卷填写者而言是否合适，是否和被试的文化背景和语言习惯等相一致。通常可以采取逻辑分析法、专家判断法来检验内容效度。结构效度是指用量表所收集的数据结构是否与对构念的预期结构相匹配，常用因子分析法来进行判断。

二、预研究的实施

我们选取长沙市一家上市公司的基层员工为样本进行了预研究。我们在预研究中共发放了问卷 130 份，回收有效问卷 118 份。有效样本数达到了因素分析所需问卷大于 100 份的要求（Comrey & Lee，1992）。在预调查的过程中，我们认真仔细地询问以及记录了参与问卷调研者对于问卷的内容、答题容易程度的意见。预研究完成后，我们将相关反馈意见进行汇总并召开讨论会，修订了相关需调整的形式及个别措辞的表达。

第四节　正式调查的数据收集和研究样本

一、正式调查的数据收集

在获得预调研修正过后的原始量表之后，笔者于 2016 年 4 月至 2016 年 12 月进行了正式的大样本问卷调研。参与问卷调查的对象是湖南地区各个行业的 12 家企业的中高层管理人员与普通基层员工。本书的正式调研均是以现场发放以及回收问卷的方式进行。在进行正式问卷调研过程前，有项目组成员以及研究者亲自到各个部门对参与调研的对象进行问卷和注意事项释疑,向被试者保证其调查结果仅用于学术研究与个人职业晋升或奖惩没有任何关系,保证调查结果是严格保密且不会被组织的相关部门查阅;在问卷填写过程中,项目组成员以及研究者也对被试者提出的咨询进行了及时的现场解答。填写上级问卷的领导者与填写下属问卷的员工下属分别在不同的场所进行问卷的填写。在问卷发放之初,研究者已经获得员工所在部门的花名册以及本人照片,充分掌握了被试者相关的人口统计特征,问卷由三位研究生和一位博士生进行发放与回收,在被试者填写完下属问卷以后通过相关的梳理再由其部门直接领导填写与其相对应的问卷。问卷填写完成后由被调查者装入信封,确保密封之后现场交回。此次调查共发放问卷 100 套,回收 92 套上级问卷和 368 份员工问卷。删除问卷填写不完整以及不合格的问卷,最后的有效数据包括 72 份上级问卷和 288 份员工问卷,问卷回收有效率为 72%。

二、样本描述

本书主要对样本的控制变量进行描述性统计分析,控制变量包含企业层面(企业性质、所处行业)以及个体层面(性别、年龄、学历、工龄)。具体介绍如下表 4-7 所示。从被试者的性别组成来看,男性的数量是 218 人,女性的数量为 142 人,男性雇员占样本总数的 61.0%,超过女性雇员的占比 39%。从被试者的年龄构成来分析,118 人的年龄小于 30 岁,占比为 32.7%,80 位被试者的年龄在 31—40 岁,占比 22.2%,41—50 岁的人数 72 人,占总数的 20.0%,而 51 岁及以上的人数是 90 人,占总数的 25.1%,其中,小于 30 岁年龄段的人数所占比重最大。从被试者获得的最高学历来分析,大专以下、大专、本科、硕士及以上的人数分别为是 24、76、189、71,分别占样本总数的 6.6%、21.1%、52.5%、19.8%,其中本科学历的被调查者比例最高。从被试者获得的从业年限来分析,未满一年的人数为 43 人,占比 12.0%,1—2 年的人数为 34 人,占比 9.5%,3—5 年的人数为 118 人,占比 32.7%,6 年以上的人数为 165 人,占比 45.8%,其中在企业工作 6 年以上的被调查者比例最高。从表 4-7 可知,被试者中属于国有控股企业的有 82 人,占 22.8%,属于外商独资的企业的有 12 人,占 3.3%,属于中外合资企业的有 112 人,占 31.1%,其中被调查者属私营企业的最多,有 123 位,占 34.1%。从被调查者的行业类型来看,属于一般制造业的有 58 人,占 16.1%,属于高新技术企业的有 36 人,占 44.7%,属于服务业的有 92 人,占 25.6%,其中高新技术企业的占比最多。具体数据统计结果如下表 4-7 所示。

表4-7 　　　　　　　　　　　　　　样本基本情况（N=360）

变量	统计内容	频数	百分比（%）	累计百分比（%）
性别	男	218	61.0	61.0
	女	142	39.0	100.0
年龄	30岁及以下	118	32.7	32.7
	31—40岁	80	22.2	54.9
	41—50岁	72	20.0	74.9
	50岁以上	90	25.1	100.0
最高学历	大专以下	24	6.6	6.6
	大专	76	21.1	27.7
	本科	189	52.5	80.2
	硕士及以上	71	19.8	100.0
工龄	未满1年	43	12.0	12.0
	1—2年	34	9.5	21.5
	3—5年	118	32.7	54.2
	6年以上	165	45.8	100
企业类别	国有控股企业	82	22.8	22.8
	外商独资企业	12	3.3	26.1
	中外合资企业	112	31.1	57.2
	私营企业	123	34.1	91.3
	其他	31	8.7	100
行业类型	一般制造业	58	16.1	16.1
	高新技术企业	161	44.7	60.8
	服务业	92	25.6	86.4
	其他行业	49	13.6	100

第五节　正式测量量表的测量与信效度检验

一、正式测量量表的测量项目的描述性统计

在正式调查问卷的测量量表中需要验证其是否服从正太分布，因此有必要

针对正式调查问卷的测量题项进行描述性统计分析，主要从均值、偏态、标准差和峰度等角度进行检验。具体如表 4-8 所示。我们遵循黄芳铭(2005)所提出的标准，即峰度的绝对值<10，偏度的绝对值<3。如表 4-8 所示，正式测量量表各变量观察数据的峰度绝对值与偏度绝对值分别小于 7.016 和 1.334。这些数据均显示此次正式调查的数据基本满足正态分布要求，可以开始接下来的数据分析。

表 4-8　　　　　　　　正式测量量表各变量观察数据的描述性统计

	N	极小值	极大值	均值	标准差	偏度		峰度	
	统计量	统计量	统计量	统计量	统计量	统计量	标准误	统计量	标准误
S1	360	1	5	3.84	1.037	-0.589	0.198	-0.343	0.394
S2	360	1	5	4.11	0.899	-0.775	0.198	0.337	0.394
S3	360	1	5	4.08	0.863	-0.980	0.198	1.536	0.394
S4	360	1	5	3.91	0.955	-0.762	0.198	0.577	0.394
S5	360	1	5	3.79	0.894	-0.307	0.198	-0.117	0.394
S6	360	1	5	3.67	0.967	-0.550	0.198	0.293	0.394
S7	360	1	5	3.83	0.951	-0.608	0.198	0.157	0.394
S8	360	2	5	4.25	0.837	-0.925	0.198	0.157	0.394
S9	360	1	5	3.77	0.965	-0.695	0.198	0.346	0.394
S10	360	1	5	3.75	1.205	-0.712	0.198	-0.502	0.394
S11	360	1	5	3.65	1.148	-0.811	0.198	-0.006	0.394
S12	360	1	5	3.86	0.956	-0.838	0.198	0.883	0.394
S13	360	1	5	3.47	1.091	-0.385	0.198	-0.159	0.394
S14	360	1	5	3.39	1.042	-0.307	0.198	-0.196	0.394
H1	360	1	5	3.37	1.245	-0.488	0.198	-0.694	0.394
H2	360	1	5	3.33	1.014	-0.436	0.198	-0.375	0.394
H3	360	1	5	3.71	0.944	-0.367	0.198	-0.289	0.394
H4	360	1	5	3.17	1.197	-0.079	0.198	-0.893	0.394
H5	360	2	5	3.62	0.974	-0.100	0.198	-0.975	0.394
H6	360	1	5	3.11	1.221	-0.050	0.198	-0.919	0.394

续表

	N	极小值	极大值	均值	标准差	偏度		峰度	
	统计量	统计量	统计量	统计量	统计量	统计量	标准误	统计量	标准误
H7	360	1	5	3.46	1.208	−0.508	0.198	−0.602	0.394
H8	360	1	5	3.23	1.161	−0.128	0.198	−0.883	0.394
H9	360	1	5	3.80	1.030	−0.486	0.198	−0.579	0.394
H10	360	1	5	3.25	1.199	−0.289	0.198	−0.755	0.394
H11	360	1	5	3.59	1.081	−0.454	0.198	−0.399	0.394
H12	360	1	5	3.07	1.153	−0.012	0.198	−0.734	0.394
H13	360	1	5	2.79	1.103	0.098	0.198	−0.572	0.394
H14	360	1	5	3.57	1.025	−0.352	0.198	−0.429	0.394
H15	360	2	5	3.97	0.934	−0.649	0.198	−0.403	0.394
H16	360	1	5	3.42	1.233	−0.477	0.198	−0.663	0.394
H17	360	1	5	3.63	1.032	−0.512	0.198	−0.192	0.394
H18	360	1	5	3.37	1.319	−0.558	0.198	−0.748	0.394
H19	360	1	5	3.75	0.950	−0.424	0.198	−0.471	0.394
H20	360	1	5	3.70	0.888	−0.245	0.198	−0.364	0.394
H21	360	1	5	3.15	1.261	−0.464	0.198	−0.832	0.394
H22	360	1	5	3.67	1.075	−0.735	0.199	0.017	0.395
H23	360	1	5	3.77	1.031	−0.762	0.198	0.168	0.394
H24	360	1	5	2.99	1.336	−0.112	0.198	−1.11	0.394
H25	360	1	5	3.24	1.001	−0.336	0.198	−0.325	0.394
H26	360	1	5	3.47	1.015	−0.474	0.198	−0.194	0.394
H27	360	1	5	3.41	1.176	−0.337	0.198	−0.750	0.394
V1	360	1	5	3.80	0.900	−0.378	0.199	−0.062	0.395
V2	360	1	5	3.54	0.882	−0.024	0.199	−0.131	0.395
V3	360	2	5	3.75	0.744	−0.148	0.198	−0.259	0.394
V4	360	1	5	3.77	0.792	−0.713	0.199	1.616	0.395
V5	360	2	5	3.63	0.727	0.055	0.198	−0.334	0.394

续表

	N	极小值	极大值	均值	标准差	偏度		峰度	
	统计量	统计量	统计量	统计量	统计量	统计量	标准误	统计量	标准误
V6	360	1	5	3.74	0.855	-0.517	0.198	0.405	0.394
V7	360	2	5	3.60	0.811	-0.138	0.198	-0.432	0.394
V8	360	2	5	3.69	0.852	-0.138	0.198	-0.601	0.394
V9	360	1	5	3.35	0.949	-0.190	0.198	-0.274	0.394
V10	360	1	5	3.78	1.016	-0.636	0.198	-0.345	0.394
O1	360	1	5	3.45	1.156	-0.807	0.198	-0.103	0.394
O2	360	2	5	4.00	0.769	-0.270	0.198	-0.577	0.394
O3	360	1	5	3.80	0.897	-0.440	0.198	-0.223	0.394
O4	360	1	5	3.77	0.883	-0.485	0.198	0.187	0.394
O5	360	1	5	3.79	0.885	-0.702	0.198	0.748	0.394
O6	360	1	5	3.85	0.718	-0.437	0.198	0.941	0.394
O7	360	2	5	3.73	0.851	-0.172	0.198	-0.594	0.394
O8	360	2	5	3.73	0.783	-0.256	0.198	-0.254	0.394
O9	360	2	5	3.75	0.819	-0.258	0.198	-0.396	0.394
I1	360	3	44	4.32	1.334	0.451	0.198	7.016	0.394
I2	360	2	5	3.89	0.687	-0.112	0.198	-0.270	0.394
I3	360	2	5	3.72	0.852	-0.086	0.198	-0.685	0.394
I4	360	2	5	3.62	0.841	0.061	0.198	-0.647	0.394
I5	360	1	5	3.80	0.819	-0.282	0.198	-0.028	0.394
P1	360	1	5	3.09	1.095	-0.032	0.198	-0.414	0.394
P2	360	1	5	3.58	1.051	-0.179	0.198	-0.604	0.394
P3	360	1	5	3.29	0.886	0.031	0.198	-0.293	0.394
P4	360	1	5	3.37	1.115	-0.369	0.198	-0.487	0.394
P5	360	1	5	2.22	1.146	0.968	0.198	0.361	0.394
P6	360	1	5	3.94	1.005	-1.005	0.198	0.829	0.394
P7	360	1	5	3.72	0.868	-0.233	0.198	-0.289	0.394

二、正式测量量表的信效度检验

(一)信度分析

1. 自变量的探索性因子分析

采用 SPSS19.0 对自变量服务型领导进行探索性因子分析，主要采用了主成分分析法和正交极大旋转抽取因子，选取特征值大于 1 的因子。由表 4-9 可知，服务型领导的 KMO 值为 0.851，大于 0.7；Bartlett 球体检验卡方统计值显著(sig=0.000)，小于 0.05 的显著水平，这都表明了本书搜集的服务型领导数据适合作因子分析。接着采用主成分分析法抽取出了 1 个因子，该潜变量的因子负荷值见表 4-9，并且累计方差解释率为 66.957%，达到了解释标准。

表 4-9　　　　　　　　　服务型领导的探索因子分析

潜变量	测量条目	EFA 观测变量载荷	CITC	Cronbach's a
服务型领导	S1	0.703	0.513	0.908
	S2	0.717	0.662	
	S3	0.636	0.706	
	S4	0.599	0.700	
	S5	0.673	0.619	
	S6	0.676	0.572	
	S7	0.551	0.632	
	S8	0.585	0.659	
	S9	0.679	0.550	
	S10	0.802	0.555	
	S11	0.751	0.501	
	S12	0.647	0.611	
	S13	0.684	0.668	
	S14	0.670	0.695	

KMO 值为 0.851，Bartlett 显著性为 0.000，累计方差解释率为 66.957%

2. 中介变量的探索性因子分析

(1)高绩效工作系统。采用 SPSS19.0 对中介变量高绩效工作系统进行探索性因子分析，主要采用了主成分分析法和正交极大旋转抽取因子，选取特征值大于 1 的因子。由表 4-10 可知，高绩效工作系统的 KMO 值为 0.904，大于 0.7；Bartlett 球体检验卡方统计值显著（sig = 0.000），小于 0.05 的显著水平，这都表明了本书搜集的高绩效工作系统数据适合作因子分析。接着采用主成分分析法抽取出了 1 个因子，该潜变量的因子负荷值见表 4-10，并且累计方差解释率为 70.265%，达到了解释标准。

表 4-10 高绩效工作系统的探索性因子分析

潜变量	测量条目	EFA 观测变量载荷	CITC	Cronbach's a
高绩效工作系统	H1	0.665	0.605	0.938
	H2	0.608	0.669	
	H3	0.606	0.669	
	H4	0.721	0.684	
	H5	0.747	0.690	
	H6	0.783	0.623	
	H7	0.753	0.607	
	H8	0.720	0.714	
	H9	0.663	0.664	
	H10	0.739	0.760	
	H11	0.482	0.720	
	H12	0.681	0.735	
	H13	0.651	0.713	
	H14	0.661	0.797	
	H15	0.788	0.690	
	H16	0.812	0.679	
	H17	0.630	0.755	
	H18	0.861	0.644	
	H19	0.609	0.679	
	H20	0.664	0.740	
	H21	0.771	0.641	
	H22	0.629	0.858	
	H23	0.727	0.604	
	H24	0.851	0.748	
	H25	0.692	0.479	
	H26	0.762	0.733	
	H27	0.695	0.683	

KMO 值为 0.904，Bartlett 显著性为 0.000，累计方差解释率为 70.265%

（2）心理安全。采用 SPSS19.0 对中介变量心理安全进行探索性因子分析，主要采用了主成分分析法和正交极大旋转抽取因子，选取特征值大于 1 的因子。由表 4-11 可知，心理安全的 KMO 值为 0.812，大于 0.7；Bartlett 球体检验卡方统计值显著（sig=0.000），小于 0.05 的显著水平，这都表明了本书搜集的心理安全数据适合作因子分析。接着采用主成分分析法抽取出了 1 个因子，该潜变量的因子负荷值见表 4-11，并且累计方差解释率为 76.378%，达到了解释标准。

表 4-11　　　　　　　　　　　心理安全的探索性因子分析

潜变量	测量条目	EFA 观测变量载荷	CITC	Cronbach's a
心理安全感	P1	0.606	0.573	0.874
	P2	0.610	0.603	
	P3	0.707	0.615	
	P4	0.719	0.657	
	P5	0.756	0.536	
	P6	0.599	0.792	
	P7	0.749	0.661	

KMO 值为 0.812，Bartlett 显著性为 0.000，累计方差解释率为 76.378%

3. 因变量的探索性因子分析

（1）组织公民行为。采用 SPSS19.0 对因变量组织公民行为进行探索性因子分析，主要采用了主成分分析法和正交极大旋转抽取因子，选取特征值大于 1 的因子。由表 4-12 可知，组织公民行为的 KMO 值为 0.885，大于 0.7；Bartlett 球体检验卡方统计值显著（sig=0.000），小于 0.05 的显著水平，这都表明了本书搜集的组织公民行为数据适合作因子分析。接着采用主成分分析法抽取出了 1 个因子，该潜变量的因子负荷值见表 4-12，并且累计方差解释率为 71.319%，达到了解释标准。

（2）建言行为。采用 SPSS19.0 对因变量建言行为进行探索性因子分析，主要采用了主成分分析法和正交极大旋转抽取因子，选取特征值大于 1 的因子。由表 4-13 可知，建言行为的 KMO 值为 0.833，大于 0.7；Bartlett 球体检验卡方统计值显著（sig=0.000），小于 0.05 的显著水平，这都表明了本书搜集的建言行为数据适合作因子分析。接着采用主成分分析法抽取出了 1 个因子，该潜变量的因子负荷值见表 4-13，并且累计方差解释率为 72.791%，达到了解释标准。

表 4-12　　　　　　　　　　**组织公民行为的探索性因子分析**

潜变量	测量条目	EFA 观测变量载荷	CITC	Cronbach's a
组织公民行为	O1	0.787	0.636	0.826
	O2	0.831	0.746	
	O3	0.697	0.626	
	O4	0.718	0.714	
	O5	0.694	0.647	
	O6	0.525	0.540	
	O7	0.725	0.600	
	O8	0.768	0.727	
	O9	0.675	0.683	

KMO 值为 0.885，Bartlett 显著性为 0.000，累计方差解释率为 71.319%

表 4-13　　　　　　　　　　**建言行为的探索性因子分析**

潜变量	测量条目	EFA 观测变量载荷	CITC	Cronbach's a
建言	V1	0.712	0.604	0.853
	V2	0.757	0.583	
	V3	0.641	0.639	
	V4	0.775	0.703	
	V5	0.524	0.606	
	V6	0.635	0.665	
	V7	0.774	0.622	
	V8	0.852	0.523	
	V9	0.754	0.641	
	V10	0.854	0.788	

KMO 值为 0.833，Bartlett 显著性为 0.000，累计方差解释率为 72.791%

(3)角色内行为。采用 SPSS19.0 对因变量角色内行为进行探索性因子分析，主要采用了主成分分析法和正交极大旋转抽取因子，选取特征值大于 1 的因子。由表 4-14 可知，角色内行为的 KMO 值为 0.711，大于 0.7；Bartlett 球体检验卡方统计值显著(sig=0.000)，小于 0.05 的显著水平，这都表明了本书搜集的角色内行为数据适合作因子分析。接着采用主成分分析法抽取出了 1 个因子，该潜变量的因子负荷值见表 4-14，并且累计方差解释率为 68.288%，达到了解释标准。

表 4-14　　　　　　　　　角色内行为的探索性因子分析

潜变量	测量条目	EFA 观测变量载荷	CITC	Cronbach's a
角色内行为	I1	0.774	0.663	0.871
	I2	0.619	0.774	
	I3	0.713	0.600	
	I4	0.765	0.673	
	I5	0.643	0.617	

KMO 值为 0.711，Bartlett 显著性为 0.000，累计方差解释率为 68.288%

(二)效度分析

本书以 Cronbach's a 系数来检验变量的信度，在效度检验方面，因为所用问卷项目全部来自于其他学者的文献，虽经检验证实具有较高的内容效度，但因为这些量表项目多数来自国外，为了验证量表各个变量的效度，本书运用验证性因子分析(CFA)来检验各个变量之间的效度，评价测量模型的整体适配度指标主要采用了卡方指数(x^2/df)、拟合优度指数(GFI)和调整拟合优度指数(AGFI)、规范拟合指数(NFI)、修正拟合指数(IFI)和比较拟合指数(CFI)、近似误差均方根(RMSEA)等指标，其取值范围以及理想值详见表 4-15(吴明隆，2009；候杰泰，温忠麟和成子娟，2003；李怀祖，2004；杨静，2006)。尽管多数学者认为 GFI、AGFI、NFI、IFI 和 CFI 等拟合指数的值应大于 0.9 时，才表示模型拟合良好，但实际研究中往往会由于拟合的变量较多、拟合的模型较复杂等原因，导致某些拟合指数难以达到 0.9 的取值标准。因此，可以视具体情况，适当放宽某些指数的取值最低标准。

表 4-15 适配评价指标取值范围及其理想值

指标	取值范围	理想值
χ^2/df	大于 0	小于 5，小于 3 更理想
GFI	介于 0—1，也可能出现负值	大于 0.9，大于 0.85 也可接受
AGFI	介于 0—1，也可能出现负值	大于 0.9，大于 0.85 也可接受
NFI	介于 0—1	大于 0.9，大于 0.85 也可接受
IFI	大于 0，大多介于 0—1	大于 0.9，大于 0.85 也可接受
CFI	介于 0—1	大于 0.9，大于 0.85 也可接受
TLI	介于 0—1	大于 0.9，大于 0.85 也可接受
RMSEA	大于 0	小于 0.05 适配良好，小于 0.1 适配可以接受

　　本书的验证性因子分析是利用 AMOS 17.0 统计软件，首先对研究中所涉及的 6 个构念(服务型领导、高绩效工作系统、心理安全、组织公民行为、建言行为、角色内行为)进行区分效度检验。结果如表 4-16 所示，可以看出，六因子模型与其他 5 个模型相比，对实际数据拟合结果最佳，RMSEA 值低于 0.08，GFI、IFI、CFI 和 TLI 值均大于 0.90，$\chi^2/df = 2.361$，介于 2 到 5 之间。

表 4-16 验证性因子分析拟合指数

变量	χ^2/df	GFI	IFI	CFI	TLI	RMSEA
单因子模型	5.609	0.534	0.512	0.509	0.563	0.162
二因子模型	4.314	0.675	0.648	0.679	0.658	0.130
三因子模型	3.106	0.734	0.761	0.738	0.720	0.112
四因子模型	2.945	0.787	0.784	0.792	0.779	0.093
五因子模型	2.747	0.862	0.885	0.819	0.821	0.082
六因子模型	2.103	0.934	0.926	0.933	0.937	0.062

　　注：单因子模型：服务型领导+高绩效工作系统+心理安全+角色内行为+组织公民行为+建言行为。

　　二因子模型：服务型领导，高绩效工作系统+心理安全+角色内行为+组织公民行为+建言行为。

　　三因子模型：服务型领导，高绩效工作系统，心理安全+角色内行为+组织公民行为+建言行为。

　　四因子模型：服务型领导，高绩效工作系统，心理安全，角色内行为+组织公民行为+建言行为。

　　五因子模型：服务型领导，高绩效工作系统，心理安全，角色内行为，组织公民行为+建言行为。

　　六因子模型：服务型领导，高绩效工作系统，心理安全，角色内行为，组织公民行为，建言行为。

1. 自变量的验证性因子分析

本书在 AMOS 软件中建立了如图 4-1 所示的服务型领导的因子分析模型。服务型领导验证性因子分析的拟合指标见表 4-17。由分析结果可知，$\chi^2/df = 2.596$，介于 2 到 5 之间；RFI = 0.947，TLI = 0.904，IFI = 0.903，CFI = 0.902，NFI = 0.901，其均大于 0.9，RMSEA = 0.073 小于 0.08，这表明该模型具有良好的拟合度。

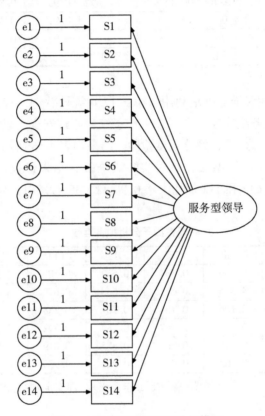

图 4-1　服务型领导因子分析模型

表 4-17　　　　　　　　　服务型领导验证性分析指标值

	χ^2/df	RMSEA	RFI	NFI	IFI	CFI	TLI
拟合结果	2.596	0.073	0.947	0.901	0.903	0.902	0.904

2. 中介变量的验证性因子分析

(1) 高绩效工作系统。本书在 AMOS 软件中建立了如图 4-2 所示的高绩效

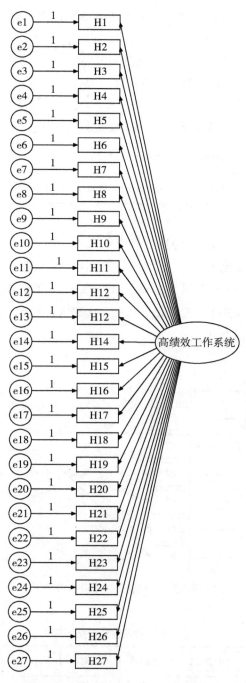

图 4-2 高绩效工作系统因子分析模型

工作系统的因子分析模型。高绩效工作系统验证性因子分析的拟合指标见表 4-18。由分析结果可知，$\chi^2/\mathrm{df} = 3.642$，介于 2 到 5 之间；RFI = 0.858，TLI = 0.861，IFI = 0.862，CFI = 0.864，NFI = 0.860，其均大于 0.85，RMSEA = 0.079 小于 0.08，这表明该模型具有良好的拟合度。

表 4-18 　　　　　　　　高绩效工作系统验证性分析指标值

	χ^2/df	RMSEA	RFI	NFI	IFI	CFI	TLI
拟合结果	3.642	0.079	0.858	0.860	0.862	0.864	0.861

（2）心理安全。本书在 AMOS 软件中建立了如图 4-3 所示的心理安全的因子分析模型。心理安全验证性因子分析的拟合指标见表 4-19。由分析结果可知，$\chi^2/\mathrm{df} = 2.368$，介于 2 到 5 之间；RFI = 0.914，TLI = 0.913，IFI = 0.917，CFI = 0.915，NFI = 0.912，其均大于 0.9，RMSEA = 0.052 小于 0.08，这表明该模型具有良好的拟合度。

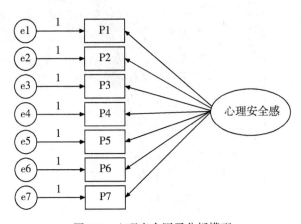

图 4-3　心理安全因子分析模型

表 4-19 　　　　　　　　心理安全验证性分析指标值

	χ^2/df	RMSEA	RFI	NFI	IFI	CFI	TLI
拟合结果	2.368	0.052	0.914	0.912	0.917	0.915	0.913

3. 因变量的验证性因子分析

（1）组织公民行为。本书在 AMOS 软件中建立了如图 4-4 所示的组织公民行为的因子分析模型。组织公民行为验证性因子分析的拟合指标见表 4-20。由分析结果可知，$\chi^2/df = 3.421$，介于 2 到 5 之间；RFI = 0.901，TLI = 0.902，IFI = 0.902，CFI = 0.903，NFI = 0.900，其均大于 0.9，RMSEA = 0.069 小于 0.08，这表明该模型具有良好的拟合度。

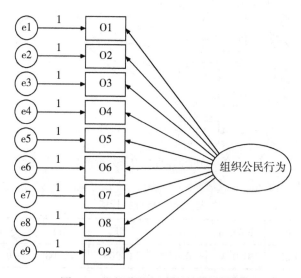

图 4-4　组织公民行为因子分析模型

表 4-20　　　　　　　　　　　组织公民行为验证分析指标值

	χ^2/df	RMSEA	RFI	NFI	IFI	CFI	TLI
拟合结果	3.421	0.069	0.901	0.900	0.902	0.903	0.902

（2）建言行为。本书在 AMOS 软件中建立了如图 4-5 所示的建言行为的因子分析模型。建言行为验证性因子分析的拟合指标见表 4-21。由分析结果可知，$\chi^2/df = 3.021$，介于 2 到 5 之间；RFI = 0.912，TLI = 0.911，IFI = 0.908，CFI = 0.910，NFI = 0.909，其均大于 0.9，RMSEA = 0.064 小于 0.08，这表明该模型具有良好的拟合度。

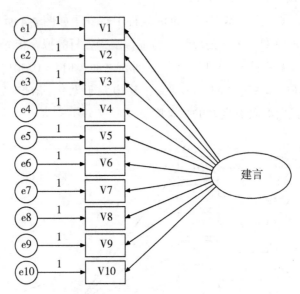

图 4-5 建言行为因子分析模型

表 4-21 建言行为验证指标值

	χ^2/df	RMSEA	RFI	NFI	IFI	CFI	TLI
拟合结果	3.021	0.064	0.912	0.909	0.908	0.910	0.911

（3）角色内行为。本书在 AMOS 软件中建立了如图 4-6 所示的角色内行为的因子分析模型。角色内行为验证性因子分析的拟合指标见表4-22。由分析结果可知，$\chi^2/\mathrm{df}=3.021$，介于 2 到 5 之间；RFI = 0.906，TLI = 0.904，IFI =

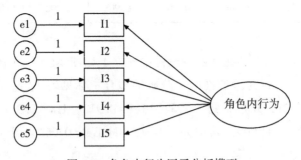

图 4-6 角色内行为因子分析模型

0.905，CFI = 0.906，NFI = 0.907，其均大于 0.9，RMSEA = 0.068 小于 0.08，这表明该模型具有良好的拟合度。

表 4-22　　　　　　　　　角色内行为验证分析指标值

	χ^2/df	RMSEA	RFI	NFI	IFI	CFI	TLI
拟合结果	3.021	0.068	0.906	0.907	0.905	0.906	0.904

第六节　独立样本 T 检验和单因素分析

中介变量和结果变量不仅受到自变量的影响，还会受到控制变量的影响，本书的控制变量主要包含员工个人特征：员工性别、年龄、学历以及工龄和所在企业特征：企业性质、所处行业。根据各控制变量对应的样本组数分别采用独立样本 T 检验和单因素方差分析。其中员工性别采用独立样本 T 检验，其余均采用单因素方差分析方法。

表 4-23　　　　员工性别对中介变量和结果变量的独立样本 T 检验

	性别	N	均值	均值差异 Sig.	方差齐次 F 值	检验 Sig.
心理安全	男	198	3.32	0.346	5.021	0.102
	女	162	3.31			
高绩效工作系统	男	198	3.370	0.098	0.033	0.582
	女	162	3.536			
建言行为	男	198	3.650	0.421	1.521	0.274
	女	162	3.687			
角色内行为	男	198	3.741	0.077	2.789	0.099
	女	162	3.804			
组织公民行为	男	198	3.95	0.321	0.312	0.295
	女	162	3.74			

　　如表 4-23 所示，在置信度为 95% 的水平下，在心理安全、高绩效工作系统、建言行为、角色内行为、组织公民行为方面，男、女员工并没有表现出明显差异。不需要对研究样本按下属的性别进行分类研究。

表 4-24　　　　　员工年龄对中介变量和结果变量的单因素方差分析

变量名	均值差异 F 值	检验 Sig.	方差齐次	检验是否齐次
心理安全	1.546	0.132	0.045	否
高绩效工作系统	0.421	0.478	0.267	是
建言行为	1.121	0.541	0.061	否
角色内行为	0.331	0.768	0.573	是
组织公民行为	1.435	0.357	0.011	否

　　从表 4-24 中可以看出，在置信度为 95% 的水平下，员工年龄对心理安全、高绩效工作系统、建言行为、角色内行为、组织公民行为没有显著差异影响。

表 4-25　　　　　员工学历对中介变量和结果变量的单因素方差分析

变量名	均值差异 F 值	检验 Sig.	方差齐次	检验是否齐次
心理安全	3.241	0.000	0.328	是
高绩效工作系统	0.763	0.412	0.735	是
建言行为	1.221	0.355	0.698	是
角色内行为	3.523	0.001	0.002	否
组织公民行为	1.467	0.176	0.201	是

　　从 4-25 中可以看出，在置信度为 95% 的水平下，员工学历对高绩效工作系统、建言行为和组织公民行为没有显著差异影响，而对心理安全和角色内行为的差异影响显著。同时，采取 Scheff 法两两多重比较结果发现，本科学历的下属较大专及以下学历的下属心理安全程度更高（显著概率为 0.012），本科学历比研究生以上学历有更高的角色内行为（显著概率为 0.001），大专学历较研究生及以上学历的员工有更高的角色内行为（显著概率为 0.007）。

表 4-26　　　　　　员工工龄对中介变量和结果变量的单因素方差分析

变量名	均值差异 F 值	检验 Sig.	方差齐次	检验是否齐次
心理安全	2.316	0.097	0.022	否
高绩效工作系统	1.932	0.402	0.080	否
建言行为	3.284	0.009	0.102	否
角色内行为	3.011	0.012	0.255	是
组织公民行为	1.794	0.336	0.921	否

从 4-26 中可以看出，在置信度为 95% 的水平下，员工工龄对高绩效工作系统、心理安全和组织公民行为没有显著差异影响，而对建言行为和角色内行为的差异影响显著。同时，采取 Scheff 法两两多重比较结果发现，工龄在 3—5 年的员工比工龄大于 6 年的人更易建言(显著概率为 0.007)，工龄在 3—5 年的员工比工龄在 6 年以上的员工具有更高的角色内行为(显著概率分别为 0.002)。

表 4-27　　　　　　企业类型对中介变量和结果变量的单因素方差分析

变量名	均值差异 F 值	检验 Sig.	方差齐次	检验是否齐次
心理安全	2.351	0.001	0.000	否
高绩效工作系统	3.784	0.325	0.122	否
建言行为	2.091	0.006	0.015	否
角色内行为	3.168	0.004	0.099	否
组织公民行为	5.773	0.583	0.215	否

从表 4-27 中可以看出，在置信度为 95% 的水平下，企业类型对员工高绩效工作系统和组织公民行为没有显著差异影响，而对心理安全、建言行为以及角色内行为存在显著差异影响。采取 Scheff 法两两多重比较结果发现，国有控股企业比外商独资企业和私营企业的员工有更高的心理安全(显著概率分别为 0.002 和 0.004)；民营企业比国有控股企业和外商独资企业的员工有更高的建言行为(显著概率分别为 0.003 和 0.002)；而角色内行为在企业性质变量上的两两比较并不存在差异。

表 4-28   企业所处行业类型对中介变量和结果变量的单因素方差分析

变量名	均值差异 F 值	检验 Sig.	方差齐次	检验是否齐次
心理安全	7.581	0.000	0.000	否
高绩效工作系统	6.941	0.000	0.000	否
建言行为	11.467	0.000	0.000	否
角色内行为	7.999	0.000	0.000	否
组织公民行为	10.734	0.000	0.000	否

从表 4-28 中可以看出，在置信度为 95% 的水平下，企业所处行业对心理安全感、高绩效工作系统、建言行为、角色内行为和组织公民行为均不存在显著差异影响。

第五章　阶层线性模型分析

第一节　多层线性模型方法

一、多层线性模型的简介

"多层分析"用于多层嵌套结构数据的线性统计分析方法，这一方法又叫作"分层线性模型"（HLM）。HLM 产生于 20 世纪 80 年代初期，它能在一定程度上克服传统统计方法在处理多层嵌套结构数据的局限。近 20 多年来，多层线性模型不断地在心理学、社会学、教育学、经济学等学科进行了广泛的运用，然而在管理学领域仍然处于发展阶段。

许多学者提到，普通最小二乘回归法忽略了同一个单位中阶层数据的相互依赖性，因此，普通最小二乘回归法可能会产生偏误与无效的估计标准误（Bryk & Raudenbush，1992；Hofmann，1997），并且会增加第一类误差（Type 1 error）与第二类误差（Type 2 error），所以相较于普通最小二乘回归法，HLM 在对阶层性的数据分析与处理上有较为明显的优点。首先，HLM 可以对嵌套（nested）性质的数据（比如个人嵌套于团队中，团队嵌套于部门之中）进行明确的分析。此外，HLM 除了可以同时估计不同层次的因子对个人层次的结果变量所产生的影响外，还可以将这些预测因子保持在合适的分析层次之中。HLM 还能够改善 Level-1 或个人层次效果的估计。HLM 在估计 Level-2 的固定效果时是使用优于普通最小二乘回归法的广义最小二乘法（Generalized Least Squares，GLS）。HLM 还提供了稳定的标准误估计数，即使 HLM 的假设被违反，此标准误估计数仍是一致的。

在本书的模型中，研究变量涉及组织和个体两个层面，嵌套数据特征十分明显。因此，如果只单一地在员工层面进行相关数据的处理，可能会导致处理过程中员工所处组织的特征的忽略与缺失，导致最终所获得的效应是组织层面效应与个体层面效应的交叉，降低了参数估计的标准误差；而如果单独从组织层面进行数据分析，就容易出现员工个体信息的缺失，最后使得原本显著的差异，由于分组后而变得不显著(张雷等，2003)。因此应考虑采用"多层分析"法。

二、多层线性模型的原理与分析程序

(一) 简单的多层线性模型

多层线性模型的一个基本假设是，X(自变量)与Y(因变量)的关系在每一个小组里都可能不一样。X(自变量)与Y(因变量)的关系是线性的，线性关系是否成立需要考察两个参数：截距(β_{0j})和斜度(β_{1j})。因此，每一个小组j的截距和斜度都可能不同。同时，多层线性模型假设每一组的截距和斜度都与一个第二层变量有直线关系。

所以，最简单的二层线性模型可以表达为：

第一层模型：$Y_{ij} = \beta_{0j} + \beta_{1j}X_{ij} + r_{ij}$

第二层模型：$\beta_{0j} = \gamma_{00} + \gamma_{01}G_j + U_{0j}$

$\qquad\qquad\qquad \beta_{1j} = \gamma_{10} + \gamma_{11}G_j + U_{1j}$

Y_{ij}是指个体i在j团体中的结果变量，X_{ij}是指个体i在j团体中的预测变量值，β_{0j}和β_{1j}是每个j团体分别被估计出的截距项与斜率，r_{ij}为残差项。可见，第一层模型其实就是一个简单的回归分析。第二层模型中，G_j指团体层次的变量，γ_{00}和γ_{01}是第二层的截距项，γ_{10}和γ_{11}则是联接G_j与第一层公式中的截距项与斜率项的斜率，U_{0j}和U_{1j}是第二层的残差项。因此，"第一层模型"可以检验出第一层变量之间的直接关系。"第二层模型"可以检验出第二层变量与第一层变量之间的关系，以及第二层变量如何调节两个第一层变量间的关系。

(二) HLM 的分析程序

(1)零模型。由于自变量X_j对因变量Y_{ij}的直接效应包含层2变量对层1变量的跨层级效应，所以有必要进行零模型(随机效果 ANOVA)检验，依据计算组内相关系数 ICC(1)(Intra Class Correlation Coefficient)的大小判别进行多层级分析的必要性。组内相关系数值如果大于 0.06，就有必要进行多层级分析(温福星，2009)。本书需要针对组织公民行为(OCB)、建言行为(V)、角色内行为(IRB)等 3 个变量进行零模型分析，零模型检验需要执行下列方程式。

水平一：

模型 1：$OCB_{ij} = \beta_{0j} + r_{ij}$

模型 2：$V_{ij} = \beta_{0j} + r_{ij}$

模型3：$IRB_{ij} = \beta_{0j} + r_{ij}$

水平二：

$\beta_{0j} = \gamma_{00} + U_{0j}$

（2）跨层次中介效果检验。跨层次中介效果模型主要有三种，分别为2-1-1模型、2-2-1模型和1-1-1模型三个。本书应用了第一种。2-1-1的模型表示，自变量是层次2的变量，中介变量以及结果变量是层次1的变量。根据Zhang等（2009）、罗胜强和姜嬿（2014）的建议，跨层次中介效果模型其具体步骤如表5-1所示，第一步检验自变量服务型领导X对结果变量Y（组织公民行为、建言行为和角色内行为）的主效应影响，第二步检验自变量服务型领导对中介变量心理安全的影响，第三步控制自变量服务型领导X检验中介变量M心理安全对结果变量Y（组织公民行为、建言行为和角色内行为）的影响。其中介效应是否成立，可以由系数乘积法和系数差异法等两个方法来确立。其具体模型如表5-1所示。在下面的章节，我们将按照下述步骤进行数据分析，逐一验证假设。

表5-1　　　　　　　　　　　　　　跨层次中介效果模型

第一步	第二步	第三步
2-1-1 模型		
可用模型(总平均中心化或原始数据 Grand-mean Centering or no Centering)		
中介效应：$\gamma_{01}^{(2)} * \gamma_{10}^{(3)} \, or \, \gamma_{01}^{(1)} - \gamma_{01}^{(3)}$		
L1: $Y_{ij} = \beta_{0j}^{(1)} + \gamma_{ij}^{(1)}(1)$	L1: M_{ij} $= \beta_{0j}^{(2)} + \gamma_{ij}^{(2)}(3)$	L1: $Y_{ij} = \beta_{0j}^{(3)} + \beta_{1j}^{(3)} + \gamma_{ij}^{(3)}(5)$
L2: $\beta_{0j}^{(1)} = \gamma_{00}^{(1)} + \gamma_{01}^{(1)} X_j + \mu_{0j}^{(1)}(2)$	L2: $\beta_{0j}^{(2)} = \gamma_{00}^{(2)} + \gamma_{01}^{(2)} X_j + \mu_{0j}^{(2)}(4)$	L2: $\beta_{0j}^{(3)} = \gamma_{00}^{(3)} + \gamma_{01}^{(3)} X_j + \mu_{0j}^{(3)}(6)$ $\beta_{1j}^{(3)} = \gamma_{10}^{(3)}(7)$
建议模型(组别平均数中心化数据，并在层次2增加组平均值 Group-mean Centering and Adding the Group Mean at Level 2)		
中介效应：$\gamma_{01}^{(2)} * \gamma_{02}^{(4)} \, or \, \gamma_{01}^{(1)} - \gamma_{01}^{(4)}$		
L1：Equation(1)	L1：Equation(3)	L1: $Y_{ij} = \beta_{0j}^{(4)} + \beta_{1j}^{(4)}(M_{ij} - M_{.j}) + \gamma_{ij}^{(3)}(8)$
L2：Equation(2)	L2：Equation(4)	L2: $\beta_{0j}^{(4)} = \gamma_{00}^{(4)} + \gamma_{01}^{(4)} X_j + \gamma_{02}^{(4)} M_{.j} + \mu_{0j}^{(4)}(9)$ $\beta_{1j}^{(4)} = \gamma_{10}^{(4)}(10)$

第二节 团队层次变量的聚合检验与样本的共同方法变异

一、团队层次变量的聚合检验

本书选用预调查修正后的五级李克特测量量表作为正式调查测量量表。在进行下一步的数据处理与分析之前，有必要对本书中处于团队层次的有关变量进行说明与处理。服务型领导这一团队层次的变量需要在团队层次上进行变量的聚合，并进行相关的考察。通常情况下，某一变量团队层次的聚合指的是将同一团队内部的个别成员的回答分数计算为单位平均数，以此平均数来衡量团队层次的变量(陈晓萍等，2012)。组织一致性(r_{wg})和组内相关 ICC(1)及 ICC(2)作为常见的聚合统计检验指标，前者是用来评估同一团队中的员工对构念是否具有一致的反应，组内相关 ICC(1)是用来确定团队之间是否具有足够的组间差异性，而组内相关 ICC(2)用来确定团队平均数的信度。相关文献研究成果均表明，利用团队层面的数据进行数据分析与处理时应满足相应的要求，即 r_{wg} 值大于 0.7，ICC(1)大于 0.12，ICC(2)大于 0.7(James 1982；James et al.，1993)。经过测算，服务型领导的 r_{wg} 值为 0.89，大于 0.7，ICC(1)和 ICC(2)值分别为 0.45 和 0.88，都大于相关的标准值，这表明可以进行接下来的数据分析与处理。

二、样本的共同方法变异

共同方法变异(Common Method Variance)。这一问题指的是由于测量方法的单一性(而非所测变量之间真实存在的关系)所造成的变异(罗胜强，姜嬿，2014)。在数据收集过程中，如果自变量、因变量、其他变量的数据都来自同一个数据来源——被试的自我报告，便会出现共同方法变异的问题。很多研究者误认为共同方法变异是问卷调查法的天然缺陷，其实共同方法变异的产生并不是问卷调查法本身的过错，而是我们过于依赖问卷调查的后果(谢家琳，2012)。而且，共同方法变异是可以避免的。专家提出的避免共同方法变异的建议有三种：(1)多时间点数据法，即研究数据取自至少两个不同的时间段；(2)多来源数据法，即研究数据取自至少两个不同的数据来源；(3)多群体数据法，即研究数据取自至少两个不同的群体，如管理人员和员工(谢家琳，2012)。在本书中我们采用了多来源、多群体两种方法来避免同源误差。

共同方法变异的问题虽然可以从严格科学的程序控制进行有效的降低，但是，由于环境的差异及一些特定的情境，想通过程序控制达到完全消除共同方法变异的问题显然是无法实现的，因此，也应辅之以相应的统计方法对其进行有效控制。尽管本书在研究过程中运用了相应的方法对共同方法变异的问题进行了有效的控制，但是为了获得更为有效的问卷分析结果，仍然有必要对问卷数据结构进行相应的统计分析。因此，本书应用 Harman 单因子法对收集的数据进行了同源方差分析，对所收集的 360 份有效问卷中的所有条目同时归到一个探索性因子分析结构中。研究结果表明，所有变量都不能够载荷一个因子上面，有 14 个因子的特征根大于 1，并且第一个主成分的方差贡献率为 23.685%。由此可知，本书对共同方法变异的问题得到了有效的控制，对于研究结论的精准性的影响程度基本可以忽略。

第三节　各变量的描述性统计及相关性分析

表5-2 列出了本书所挑选的 6 个变量的描述统计量。服务型领导、高绩效工作系统、心理安全、组织公民行为、建言行为和角色内行为平均数分别为 3.99、3.43、3.31、3.76、3.66 和 3.87。

表 5-2　　　　　　　　　　各层次变量的描述统计

变量	描述统计			
	Mean	s	min	max
服务型领导	3.99	0.66	1.57	5.00
高绩效工作系统	3.43	0.68	1.70	5.00
心理安全	3.31	0.59	1.71	5.00
组织公民行为	3.76	0.56	2.33	5.00
建言行为	3.66	0.55	2.40	4.75
角色内行为	3.87	0.89	2.00	5.00

一、自变量与中介变量的相关检验

本书采用 Pearson 相关分析法，使用 SPSS 检验自变量服务型领导与中介变量高绩效工作系统和心理安全的关系，结果如表 5-3 所示。

表5-3 自变量与中介变量的相关性

	服务型领导	高绩效工作系统	心理安全
服务型领导	1		
高绩效工作系统	0.729**	1	
心理安全	0.492**c	0.176**	1

注：* p<0.05，**p<0.01，***p<0.001

由表5-3可知，服务型领导分别与中介变量高绩效工作系统和心理安全显著正相关，Pearson相关系数分别为0.729和0.492。

二、自变量与因变量的相关检验

接着我们采用Pearson相关分析，使用SPSS对自变量和因变量组织公民行为、建言行为和角色内行为的相关关系进行检验，结果如表5-4所示。

表5-4 自变量与因变量的相关性

	服务型领导	组织公民行为	建言行为	角色内行为
服务型领导	1			
组织公民行为	0.176**	1		
建言行为	0.056**	0.008*	1	
角色内行为	0.034**	0.101*	0.132*	1

注：* p<0.05，**p<0.01，***p<0.001

从表5-4可知，服务型领导与组织公民行为显著正相关，相关系数为0.176；服务型领导与建言行为显著正相关，相关系数为0.056；服务型领导与角色内行为显著正相关，相关系数为0.034。

三、中介变量与因变量的相关检验

中介变量(高绩效工作系统和心理安全)与因变量(组织公民行为、建言行为和角色内行为)相关关系的检验采用SPSS用Pearson相关分析方法进行处理，结果如表5-5所示。

表 5-5 　　　　　　　　　中介变量与因变量的相关性

	高绩效工作系统	心理安全	组织公民行为	建言行为	角色内行为
高绩效工作系统	1				
心理安全	0.023*	1			
组织公民行为	0.186**	0.179**	1		
建言行为	0.042**	0.014**	0.122*	1	
角色内行为	0.065**	0.127**	0.029*	0.042*	1

注：*$p<0.05$，**$p<0.01$，***$p<0.001$

从上表 5-5 可知，中介变量高绩效工作系统与因变量组织公民行为显著正相关，相关系数为 0.186，与建言行为显著正相关，相关系数为 0.042，与角色内行为显著正相关，相关系数为 0.065；另一个中介变量心理安全与因变量组织公民行为显著正相关，相关系数为 0.179，与建言行为显著正相关，相关系数为 0.014，与角色内行为显著正相关，相关系数为 0.127。

第四节　跨层次分析以及假设检验

一、零模型

本书需要针对组织公民行为（OCB）、建言行为（V）、角色内行为（IRB）等 3 个变量进行零模型分析，零模型检验需要执行下列方程式。

水平一：

模型 1：$OCB_{ij} = \beta_{0j} + r_{ij}$

模型 2：$V_{ij} = {}_{0j} + r_{ij}$

模型 3：$IRB_{ij} = \beta_{0j} + r_{ij}$

水平二：

$\beta_{0j} = \gamma_{00} + U_{0j}$

如表 5-6 可知，高绩效工作系统的组间方差占总方差的 84%，心理安全的组间方差占总方差的 93%，组织公民行为的组间方差占总方差的 43%，建言行为的组间方差占总方差的 63%，角色内行为的组间方差占总方差的 74%，均超过了相关的标准值。此外卡方检验同样也显示组间差异显著且不为 0，这也就是说截距是随企业变化的，因此，适合采用多层线性模型分析方法。自变量 X 属于层次 2 的变量，中介变量 M 和结果变量 Y 属于层次 1 的变量。

表 5-6　　　　　　　　　　　　零　模　型

零模型	高绩效工作系统	心理安全	组织公民行为	建言行为	角色内行为
σ^2(组内方差)	0.39860	0.33328	0.13687	0.11573	0.59307
τ_{00}(组间方差)	0.07268	0.2523	0.18174	0.19882	0.20438
ICC(组间方差/总方差)	0.84	0.93	0.43	0.63	0.74
χ^2	156.42 ***	102.38 ***	244.18 ***	301.54 ***	99.658 ***

二、跨层次中介作用检验

本书按照其具体步骤如表 5-1 所述的进行跨层次中介效果检验，第一步检验自变量服务型领导对员工行为(组织公民行为、建言行为和角色内行为)的主效应的影响，第二步检验自变量服务型领导对中介变量(高绩效工作系统和心理安全)的影响，第三步控制自变量服务型领导检验中介变量对因变量的影响。其中介效应是否成立，其具体操作方程式等如上表 5-1 所述。

(一)高绩效工作系统的中介作用检验

高绩效工作系统的中介作用检验具体步骤和结果如下。

如表 5-7 所示，结果变量组织公民行为的零模型显示(见 Null model)，组织公民行为具有显著的组间方差，ICC(1)值为 43%，这表示组织公民行为的方差有 43%来源于组间方差，97%来源于组内方差，因此满足了下一步进行跨层次假设检验的要求。按照跨层次中介效果 2-1-1 模型的相关要求与步骤，首先考察服务型领导对下属组织公民行为产生的影响，首先需要对性别、年龄、教育程度、工作年限等变量进行组均值中心化，企业性质和行业性质进行总均值中心化，并将这些变量作为控制变量来分析控制变量对下属组织公民行为的影响(见 Model 1)，再加入服务型领导总均值中心化作为自变量，分析服务型领导对下属组织公民行为产生的影响。如 Model 2 所示，服务型领导可以形成对下属组织公民行为的显著正向影响($\gamma = 0.323$，$p < 0.001$)，因此，假设 1a 得到了支持，并且可以进行下一步的中介作用检验。第二步验证了服务型领导

对高绩效工作系统的影响，如 Model 5 所示，结果表明，服务型领导对高绩效工作系统具有显著的正向影响（ $\gamma = 0.571$ ， $p<0.001$ ），因此，假设 2 得到了支持。第三步验证了高绩效工作系统在服务型领导对下属组织公民行为影响中的中介作用，在个体层次的方程中，使用高绩效工作系统组别平均数中心化数据，在团体层次的方程中，加入高绩效工作系统的组别平均数，结果如 Model 6 所示，高绩效工作系统部分中介了服务型领导对下属组织公民行为的影响（ $\gamma = 0.201$ ， $p<0.01$ ），因此，假设 6a 得到了支持。另外，Model 3 结果表明，高绩效工作系统对下属组织公民行为具有显著的正向影响（ $\gamma = 0.512$ ， $p<0.001$ ），因此，假设 4a 得到了支持。

如表 5-8 所示，结果变量建言行为的零模型显示（见 Null model），建言行为具有显著的组间方差，ICC(1) 值为 63%，这表明下属组织公民行为的方差有 63% 来源于组间方差，99% 来源于组内方差，因此满足了下一步进行跨层次假设检验的要求。按照跨层次中介效果 2-1-1 模型的相关要求与步骤，首先验证服务型领导对下属建言行为产生的影响，首先需要对性别、年龄、教育程度、工作年限等变量进行组均值中心化，企业性质和行业性质进行总均值中心化，并将这些变量作为控制变量来分析控制变量对下属建言行为的影响（见 Model 1），再加入服务型领导总均值中心化作为自变量，分析服务型领导对下属建言行为产生的影响。如 Model 2 结果所示，服务型领导显著正向影响下属建言行为（ $\gamma = 0.491$ ， $p<0.001$ ），假设 1b 获得支持且满足进行下一步中介作用检验的要求。第二步对服务型领导对高绩效工作系统的影响进行验证，如 Model 5 所示，结果表明，服务型领导对高绩效工作系统具有显著的正向影响（ $\gamma = 0.571$ ， $p<0.001$ ）。第三步验证了高绩效工作系统在服务型领导对下属建言行为影响中的中介作用，在个体层次的方程中，使用高绩效工作系统组别平均数中心化数据，在团体层次的方程中，加入高绩效工作系统的组别平均数，如 Model 6 结果所示，高绩效工作系统部分中介了服务型领导对下属建言行为的影响（ $\gamma = 0.252$ ， $p<0.01$ ），因此，假设 6b 得到了支持。此外，Model 3 所示，结果表明，高绩效工作系统对下属建言行为具有显著的正向影响（ $\gamma = 0.346$ ， $p<0.001$ ），因此，假设 4b 得到了支持。

如表 5-9 所示，结果变量角色内行为的零模型显示（见 Null model），角色内行为具有显著的组间方差，ICC(1) 值为 74%，说明下属组织公民行为的方差有 74% 来源于组间方差，99% 来源于组内方差，因此满足了下一步进行跨层次假设检验的要求。按照跨层次中介效果 2-1-1 模型的相关要求与步骤，首先验证服务型领导对下属角色内行为产生的影响，首先需要对性别、年龄、教育程度、工作年限等变量进行组均值中心化，企业性质和行业性质进行总均值中心化，并将这些变量作为控制变量，来分析控制变量对下属建言行为的影响（见 Model 1），再加入服务型领导总均值中心化作为自变量，来分析服务型领导对下属角色内行为产生的影响。如 Model 2 结果所示，服务型领导可以对下属角色内行为产生显著的正向影响（$\gamma = 0.361$，$p<0.001$），假设 1c 获得支持且满足进行下一步中介作用检验的要求。第二步验证服务型领导对高绩效工作系统的影响，如 Model 5 所示，结果表明，服务型领导对高绩效工作系统具有显著的正向影响（$\gamma = 0.571$，$p<0.001$）。第三步验证了高绩效工作系统在服务型领导对下属角色内行为影响中的中介作用，在个体层次的方程中，使用高绩效工作系统组别平均数中心化数据，在团体层次的方程中，加入高绩效工作系统的组别平均数，如 Model 6 结果所示，高绩效工作系统部分中介了服务型领导对下属角色内行为的影响（$\gamma = 0.176$，$p<0.01$），因此，假设 6c 得到了支持。此外，Model 3 所示，结果表明，高绩效工作系统对下属角色内行为具有显著的正向影响（$\gamma = 0.497$，$p<0.001$），因此，假设 4c 得到了支持。

表 5-7　服务型领导对员工组织公民行为的跨层次分析结果（SL-HPWS-OCB）

变量	组织公民行为			高绩效工作系统			组织公民行为
	Null model	Model 1	Model 2	Model 3	Model 4	Model 5	Model 6
截距项	2.61***	2.61***	2.71***	3.12***	3.68***	2.67***	2.11***
性别		0.08	0.07	0.12	0.09	0.05	−0.13
年龄		0.03	−0.18	0.07	0.08	0.12	0.08
教育程度		0.02	0.12	0.03	−0.02	0.08	−0.16
工龄		−0.01	0.02	0.04	0.08	0.03	0.08
企业性质		0.04	0.13	0.08	0.08	0.05	0.04
行业性质		0.01	−0.08	0.08	0.08	0.08	0.08
服务型领导			0.323***			0.571***	
高绩效工作系统				0.512***			0.201**
σ^2	0.13	0.412	0.43	0.39	0.13	0.13	0.32
τ_{00}	0.11	0.187	0.12	0.03	0.02	0.04	0.06

注：＊$p<0.05$，＊＊$p<0.01$，＊＊＊$p<0.001$，下同。

表5-8 服务型领导对员工建言行为的跨层次分析结果(SL-HPWS-V)

变量	建言行为			高绩效工作系统			建言行为
	Null model	Model 1	Model 2	Model 3	Model 4	Model 5	Model 6
截距项	2.58***	2.60***	2.73***	3.11***	3.68***	2.61***	3.17***
性别		−0.07	0.07	0.12	0.19	0.05	−0.16
年龄		0.04	0.18	0.17	0.08	0.12	0.08
教育程度		0.15	0.22	−0.03	0.06	0.18	0.06
工龄		0.11	0.12	0.14	0.13	0.13	0.08
企业性质		0.02	0.15	0.08	−0.11	0.05	0.14
行业性质		0.07	−0.18	0.18	0.07	0.08	0.08
服务型领导			0.491***			0.571***	
高绩效工作系统				0.346***			0.252**
σ^2	0.16	0.33	0.33	0.35	0.13	0.14	0.31
τ_{00}	0.19	0.11	0.12	0.08	0.02	0.03	0.04

表5-9 服务型领导对员工角色内行为的跨层次分析结果(SL-HPWS-IRB)

变量	角色内行为			高绩效工作系统			角色内行为
	Null model	Model 1	Model 2	Model 3	Model 4	Model 5	Model 6
截距项	1.47***	1.71***	3.84***	3.17***	3.17***	1.81***	1.16***
性别		0.13	0.04	0.09	−0.02	0.05	−0.07
年龄		−0.08	0.11	0.12	0.11	0.06	0.08
教育程度		0.09	0.09	−0.13	0.15	0.12	0.15
工龄		0.11	−0.07	0.08	0.13	−0.13	−0.05
企业性质		0.12	0.09	0.07	0.17	0.15	0.12
行业性质		0.05	0.11	0.13	0.17	0.12	0.09
服务型领导			0.361***			0.571***	
高绩效工作系统				0.497***			0.176**
σ^2	0.11	0.29	0.31	0.28	0.17	0.12	0.27
τ_{00}	0.19	0.05	0.03	0.03	0.06	0.03	0.05

(二) 心理安全的中介作用检验

心理安全的中介作用检验具体步骤和结果如下。

如前所述，下属组织公民行为、建言行为和角色行为的零模型显示(见 Null model)，下属组织公民行为、建言行为和角色行为具有显著的组间方差，说明可以进行下一步的跨层次假设检验，同时，心理安全的跨层次中介效果 2-1-1 模型如中介变量高绩效工作系统的操作，结果显示如下。

如表 5-10 所示，如 Model 2 结果所示，服务型领导正向影响下属组织公民行为($\gamma = 0.323$, $p<0.001$)，可以进行下一步的中介作用检验。第二步验证了服务型领导对心理安全的影响，如 Model 5 所示，结果表明，服务型领导显著正向影响心理安全($\gamma = 0.712$, $p<0.001$)，假设 3 获得支持。第三步验证心理安全在服务型领导对下属组织公民行为影响中的中介作用，在个体层次的方程中，使用心理安全组别平均数中心化数据，在团体层次的方程中，加入心理安全的组别平均数，如 Model 6 结果所示，心理安全部分中介了服务型领导对下属组织公民行为的影响($\gamma = 0.127$, $p<0.01$)，因此，假设 7a 得到了支持。另外，Model 3 结果表明，心理安全显著正向影响下属组织公民行为($\gamma = 0.945$, $p<0.001$)，假设 5a 获得支持。

如表 5-11 所示，Model 2 结果表明，服务型领导显著正向影响下属建言行为($\gamma = 0.491$, $p<0.001$)，可以进行下一步的中介作用检验。第二步验证了服务型领导对心理安全的影响，如 Model 5 所示，结果表明，服务型领导对心理安全具有显著的正向影响($\gamma = 0.712$, $p<0.001$)。第三步验证心理安全在服务型领导对下属建言行为影响中的中介作用，在个体层次的方程中，使用心理安全组别平均数中心化数据，在团体层次的方程中，加入心理安全的组别平均数，如 Model 6 结果所示，心理安全部分中介了服务型领导对下属建言行为的影响($\gamma = 0.112$, $p<0.01$)，假设 7b 获得支持。另外，Model 3 结果表明，心理安全显著正向影响下属建言行为($\gamma = 0.311$, $p<0.001$)，因此，假设 5b 得到了支持。

如表 5-12 所示，如 Model 2 所示，结果表明，服务型领导对下属角色内行为具有显著的正向影响($\gamma = 0.361$, $p<0.001$)，假设 1c 获得支持，并且满足进行下一步中介作用检验的要求。第二步验证服务型领导对心理安全的影响，如 Model 5 所示，结果表明，服务型领导对心理安全具有显著的正向影响($\gamma = 0.712$, $p<0.001$)。第三步验证心理安全在服务型领导对下属角色内行为影响中的中介作用，在个体层次的方程中，使用心理安全组别平均数中心化数据，在

团体层次的方程中，加入心理安全的组别平均数，Model 6 结果表明，心理安全没有中介服务型领导对下属角色内行为的影响（$\gamma=0.187$，$p>0.05$），因此，假设 7c 没有得到支持。另外，Model 3 结果表明，心理安全显著正向影响下属角色内行为（$\gamma=0.819$，$p<0.05$），因此，假设 5c 得到了支持。

表 5-10 服务型领导对员工组织公民行为的跨层次分析结果（SL-PS-OCB）

变量	组织公民行为			心理安全			组织公民行为
	Null model	Model 1	Model 2	Model 3	Model 4	Model 5	Model 6
截距项	2.61***	2.61***	2.71***	2.15***	3.23***	2.58***	2.12***
性别		0.08	0.07	0.14	0.09	0.23	0.03
年龄		0.03	−0.18	0.13	0.05	0.07	0.05
教育程度		0.02	0.12	0.16	−0.08	0.14	−0.08
工龄		−0.01	0.02	0.08	0.12	−0.13	0.06
企业性质		0.04	0.13	−0.15	0.14	0.03	0.11
行业性质		0.01	−0.08	0.14	0.15	0.04	0.09
服务型领导			0.323***			0.712***	
心理安全				0.945***			0.127**
σ^2	0.13	0.41	0.43	0.32	0.15	0.11	0.33
τ_{00}	0.11	0.18	0.12	0.03	0.04	0.03	0.05

表 5-11 服务型领导对员工建言行为的跨层次分析结果（SL-PS-V）

变量	建言行为			心理安全			建言行为
	Null model	Model 1	Model 2	Model 3	Model 4	Model 5	Model 6
截距项	2.58***	2.60***	2.73***	2.35***	2.56***	1.79***	2.18***
性别		−0.07	0.07	0.23	0.02	−0.08	0.06
年龄		0.04	0.18	−0.11	0.15	0.05	−0.03
教育程度		0.15	0.22	0.12	0.12	0.17	0.12
工龄		0.11	0.12	0.03	−0.08	0.12	0.07
企业性质		0.02	0.15	0.02	0.16	−0.11	−0.18
行业性质		0.07	−0.18	0.15	0.13	0.09	0.09
服务型领导			0.491***			0.712***	
心理安全				0.311***			0.112**
σ^2	0.16	0.33	0.33	0.32	0.27	0.19	0.22
τ_{00}	0.19	0.11	0.12	0.05	0.08	0.04	0.07

表 5-12　　服务型领导对员工角色内行为的跨层次分析结果（SL-PS-IRB）

变量	角色内行为			心理安全			角色内行为
	Null model	Model 1	Model 2	Model 3	Model 4	Model 5	Model 6
截距项	1.47***	1.71***	3.84***	3.23***	3.57***	2.13***	2.18***
性别		0.13	0.04	0.07	0.07	0.02	0.18
年龄		−0.08	0.11	−0.18	0.18	0.11	0.11
教育程度		0.09	0.09	0.05	0.06	−0.09	0.11
工龄		0.11	−0.07	0.01	0.07	0.13	0.07
企业性质		0.12	0.09	0.08	−0.02	0.05	0.03
行业性质		0.05	0.11	0.08	0.04	0.08	−0.08
服务型领导			0.361***			0.712***	
心理安全				0.819*			0.187(0.65)
σ^2	0.11	0.29	0.31	0.32	0.18	0.15	0.31
τ_{00}	0.19	0.05	0.03	0.03	0.02	0.04	0.06

　　根据上述数据处理分析结果可知，本书所提出的的大部分研究假设均得到了支持，汇总如表 5-13 所示。

表 5-13　　　　　　　　研究假设检验结论汇总表

编号	假　　设	结果
H1a	服务型领导对员工组织公民行为具有正向影响	支持
H1b	服务型领导对员工建言行为具有正向影响	支持
H1c	服务型领导对员工角色内行为具有正向影响	支持
H2	服务型领导对高绩效工作系统具有正向影响	支持
H3	服务型领导对员工心理安全具有正向影响	支持
H4a	高绩效工作系统对员工组织公民行为具有正向影响	支持
H4b	高绩效工作系统对员工建言行为具有正向影响	支持
H4c	高绩效工作系统对员工角色内行为具有正向影响	支持
H5a	心理安全对员工组织公民行为具有正向影响	支持

续表

编号	假　　设	结果
H5b	心理安全对员工建言行为具有正向影响	支持
H5c	心理安全对员工角色内行为具有正向影响	支持
H6	高绩效工作系统在服务型领导和员工和行为之间起中介作用	支持
H6a	高绩效工作系统在服务型领导和员工组织公民行为之间起中介作用	支持
H6b	高绩效工作系统在服务型领导和员工建言行为之间起中介作用	支持
H6c	高绩效工作系统在服务型领导任和员工角色内行为之间起中介作用	支持
H7a	心理安全在服务型领导和员工组织公民行为之间起中介作用	支持
H7b	心理安全在服务型领导和员工建言行为之间起中介作用	支持

第六章　结论与展望

第一节　研究结论与讨论

跨层次实证分析结果表明，服务型领导正向显著预测下属的组织公民行为、建言行为和角色内行为，同时，高绩效工作系统在服务型领导与员工行为之间具有显著的中介作用，心理安全在服务型领导与下属组织公民行为、建言行为之间的中介作用得到了实现，但与角色内行为的中介作用没有得到支持。因此，本书所提出的假设 H1a、H1b、H1c、H2、H3、H4a、H4b、H4c、H5a、H5b、H5c、H6、H6a、H6b、H6c、H7a、H7b 等均得到了支持。这些研究发现从理论和实践上进一步丰富了服务型领导的研究情境和内容，并拓展了中国情境下领导因素对员工行为影响机制的认识和理解。

第一，本书发现服务型领导在中国文化情境下具有良好的本土适应性，这进一步拓展了服务型领导理论应用的情境和范围。国外学者基于西方文化情境所归纳与总结的服务型领导研究在中国也有良好的文化适应性。事实上，服务型领导这一领导行为与方式在我国历史发展中具有深刻的历史印记，"全心全意为人民服务"等概念与西方服务型领导是非常相似的(Sun & Wang，2009)。如 Miao 等(2014)以及 Yan 和 Xiao(2016)的研究发现在我国政府公务员组织中的服务型领导对下属的组织承诺以及建言行为等均有正向影响，并最终可以达到工作绩效的提升。Liu 等(2015)以及 Su 等(2013)的研究也发现了跨文化背景下服务型领导在中国本土的适用性。虽然中国的情景差异性导致了服务型领导的多维模型的通用性在中国受到一定限制，但在西方观察到的服务型领导的诸多作用机制同样适用于中国，服务型领导还是可被视为中西方共存的一种领导方式，它的许多维度是能够推广到中国企业界的。因此，本书的实证研究发现进一步拓展了服务型领导在中国本土的应用情境和范围。

但是，我们也应该注意到如何提高服务型领导能力应该成为组织关注的重要问题之一。服务型领导给人的直觉是难以实施或过于理想化，同时并不是每个人都喜欢被授权等，因此以员工为中心的服务型领导在理论上能产生各种积极的效果，但实际中有效应用还存在着一定的局限性。服务型领导理论想要成为现实中有效的领导方式，不仅需要增强在现实中的操作性，还应进一步加强服务型领导的维度、内容、前因及后果等方面的实证研究，以取得令人满意的实证支持。此外，服务型领导除了强调其服务本色以外，还需要强调其领导权是作为达到预定目标的有力领导手段之一。权变领导理论也认为在现实中由于领导情景复杂多变，领导者往往会视具体情况混合性地使用几种领导方式，因此服务型领导发挥效用要不断探索与扩大适用的情境，以更好地展现其自身的优势。

第二，本书也是对 Parris、Peachey（2012）和 Hunter 等（2013）呼吁开展更多本土服务型领导效用内在作用机制研究的积极回应。此外，针对现有服务型领导对员工、团队或组织的影响作用进行的实证研究大多是单一层次的，本书的研究也是 Liden 等学者（2014）呼吁在领导力研究中运用多层或跨层次分析的积极响应。本书的跨层次研究进一步深入认识了服务型领导产生影响作用的内在机制和条件，而且本书的跨层次研究也证明，服务型领导对我国企业员工的组织公民行为、建言行为和角色内行为等行为有着显著的正向预测力。与道德领导、授权领导、诚信型领导和参与型领导等不同领导方式一样都对员工行为产生显著的影响（Avey et al.，2011；郎艺、王辉，2016；Hsiung，2012；张晨，朱静，段锦云等，2016）。不同的是，服务型领导强调领导和下属间的双向良性互动过程，服务型领导更注重服务员工、促进员工发展，进而对员工行为产生积极的影响，因此，本书的发现进一步丰富了领导方式对员工行为影响机制的研究理论内容和视角。

第三，研究发现服务型领导对高绩效工作系统具有显著的正向影响。有研究指出变革型领导以及交易型领导均可以对企业的内部职业机会、培训、绩效评估和员工参与等高绩效工作系统产生不同的作用（孙怀平，杨东涛，王洁心，2007）。此外邱伟年、崔鼎昌和曾楚宏（2014）发现家长式领导能对高绩效工作系统产生积极影响，虽然家长式领导三个维度对高绩效工作系统的作用有差异，他们认为家长式领导的威权领导与高绩效工作系统具有负向作用关系，而仁慈领导与德行领导与高绩效工作系统具有正向作用关系。本书发现，服务型领导对高绩效工作系统具有显著的正向影响，这也进一步强调、验证并丰富了服务型领导行为这一前因变量的重要作用。

此外众多国内外学者认为领导行为能够影响员工的心理安全，随后许多的实证研究也证实这一发现，如变革型领导、包容型领导、道德型领导以及交易型领导等领导行为(Detert & Burris，2007；冯永春，周光，2015；Walumbwa et al.，2009；卿涛、凌玲、闫燕，2012)，这些研究也发现爱护、关心、尊重员工等支持型的领导行为对于提高下属的心理安全有着极大的促进作用。本书也发现以人为本的服务型领导可以显著正向预测下属的心理安全，进一步证实了这一研究结论。从下属的角度而言，服务型领导能让下属感受到受重视与尊重，提高了下属的自我效能以及工作满足感，在工作场所中能更自如和放松地完成工作任务，从而增强了其对所处环境的安全感知。

同时本书发现高绩效工作系统和心理安全显著正向作用于下属的组织公民行为、建言行为和角色内行为等员工行为，这进一步验证了之前许多学者对高绩效工作系统和心理安全结果变量的讨论。与 Kehoe 和 Wright(2013)、苗仁涛和周文霞等(2015)、BAE，Chuma，Kato 等(2011)、颜爱民和陈丽(2016)等研究一致，我们的跨层次实证研究结果也发现高绩效工作系统正向影响下属的组织公民行为、建言行为和角色内行为。这是因为组织实施的高绩效工作系统可以和员工形成良好的社会交换关系，员工回馈或者报答组织或领导者的方式之一就是表现出组织公民行为；同时组织实施的高绩效工作系统有员工的建言通道，双方良好的沟通有利于组织内部建言行为的发生。此外，高绩效工作系统也有利于员工获得完成任务的相关技能进而可以更好地完成其本职工作。此外与张燕等(2015)、邓今朝(2012)、李宁和严进(2007)等学者的研究结论相一致，本书的跨层次研究也进一步证实了个体心理安全的提高能进一步激发下属的工作行为与表现这一研究结论。个体在安全水平更高的环境下，更容易产生帮助行为以及建言献策行为，在工作中可以将更多的精力聚焦于工作，因而可以获得更好的工作结果。

第四，研究发现高绩效工作系统在服务型领导和员工组织公民行为、建言行为和角色内行为等影响中具有显著的中介作用，这一研究结论丰富了在领导行为与员工态度和行为之间的中介作用机制的研究。此外我们的研究还发现心理安全在服务型领导和员工组织公民行为以及建言行为之间起中介作用，在角色内行为的中介作用却没有得到支持。造成这一结果的原因一方面可能是研究对象不同所造成的，同时这也很有可能与我国特殊的国情有很大的关系。苏中兴(2010)认为我国现阶段企业组织绩效提高的关键并不在于下属表现出更多的角色外行为，而在于下属不能认真高效地完成其本职工作所定义的角色内行为。因此，也不难看到或理解，企业的管理者在进行管理过程中与西方企业管理所存在的差异之处，我国企业管理者更强调相关规章制度的标准性与规范性，更加重视对下属的劳动纪律管理以及工作岗位的工作分析与描述等行为，其最终目的在于让其雇员形成良好的职业素养以适应不断变化的工作要求。因此这也就不难理解员工感觉心理安全与否与完成本职工作之间并没有太多直接联系这一更加可能符合实际情况的研究结论了。

第二节　管理建议

基于以上研究结论和理论分析，我们从管理学角度探讨其应用价值并提出相应的对策建议。

第一：本书研究发现服务型领导与员工组织公民行为、建言行为和角色内行为呈显著正相关关系，实质上就是组织可以通过塑造管理人员的服务型领导风格来降低员工的消极态度和行为。也就是说，在企业管理过程中，领导者可以应用服务型领导方式，关心爱护尊重员工，为员工服务，在员工的职业生涯成长过程中提供有效的指导和帮助，这些行为对于提高员工的积极态度和行为具有重要作用，更有利于员工产生对组织的情感依赖，进而对企业组织绩效产生积极影响，这可以说是企业积极实行服务型领导能带来的好处之一。

第二，服务型领导风格符合民主时代的管理要求，这一领导风格与我国"以人为本，构建和谐社会"的时代要求具有非常高的契合度（王碧英，高日光，2014）。此外，服务型领导作为以"服务下属导向""利他导向""利社会性"以及行为道德等作为其核心本质的领导方式，对于解决当前企业管理中所出现的道德伦理丧失问题有着积极的作用与意义。领导者在管理过程中应多表现施恩树德的服务行为，给下属提供支持性的组织氛围。作为员工积极行为的重要影响因素之一，领导者应通过自身领导风格的转变激发下属的积极态度和行为，以自身服务行为赢得下属的认同，使他们在高效地完成本职工作的同时亦能心甘情愿地为其他人完成工作提供便利。于企业而言，企业应制定出具体对策以在组织中培养服务型领导。例如，在领导选拔阶段，可以选拔那些具有较多服务型领导特质的人员；在培训阶段，可以把服务型领导作为培训内容的重要环节，有效传递服务型领导的价值观念和行为理念，不断提高企业内各层级管理人员对服务型领导的认同度、接受度，并最终努力成为服务型领导（Miao et al.，2014）。

第三，基于高绩效工作系统在服务型领导和员工行为之间起中介作用，企业应该关注高绩效工作系统的构建，重视组织支持氛围的培养。就要求企业及领导在人力资源管理实践活动中重视人力资源管理的基本职能建设，如广泛的培训、严格的招聘等人力资源管理实践，通过构建组织环境引导、促进和规范员工行为的行为，从而强化高绩效工作系统对员工工作行为的作用，尤其是员工角色内行为的影响，为企业竞争优势作出贡献。

第四，基于心理安全在服务型领导和下属组织公民行为与建言行为之间的中介作用结果表明，组织或其管理者应将员工的心理安全感作为管理过程需重点关注的方面之一，为下属营造一个安全和谐的工作氛围，不断激发其积极行为。员工组织公民行为作为一种角色外行为，这种员工自发的组织公民行为有助于组织系统的稳定运行，降低组织运行成本，从各个方面提升组织的绩效（Nielsen et al.，2010），因此在企业内部要打造一个和谐稳定的工作环境，尽力消除员工在工作中的不稳定因素，不断激发员工的组织公民行为。此外，在组织内的下属对于管理过程中的问题有更清晰的把握，如果下属能积极建言献策往往会起到事半功倍的效果。但不管在政府公共组织以及企业中绝大多数下属对建言持有悲观预期，建言这一良好传统其效果在现代已不尽如人意（梁建，唐京，2009）。鉴于我们的研究发现，企业以及其领导可以为员工提供更加安全与可靠的工作环境，提高员工心理安全感，促进员工建言，不断提升企业的竞争优势。

第五，由于本书的研究结论反映了中国管理情境的特殊性，这对于我国企业的管理策略选择也有着重大的启示作用。与西方不同，中国正处在经济社会转型的高速时期，不管是企业外部的政治经济法律环境、劳动力市场供求状况以及企业的发展阶段、管理基础、员工成熟度等方面，这些情况中国企业与西方企业相比存在较大差异。由于西方企业管理基础比较扎实，员工的角色内行为普遍比较到位，如果要进一步通过人力资源管理提高企业绩效，重点在于挖掘员工的潜能，主动参与角色外行为。而在我国的特殊情境下，我国企业面临的突出问题并非在于缺乏员工的角色外行为，因而中国企业的管理实践不能只是追随西方理论关注于提升员工的组织公民行为，而是更应该侧重于考虑如何规范员工的角色内行为。本书的跨层实证分析发现心理安全在服务型领导与员工角色内行为间的中介作用没有得到支持，这也在一定程度上说明对于大部分中国企业而言，员工的日常工作行为还需要靠严格的纪律和制度去规范，抓好基础管理对企业绩效的贡献可能更为显著。如果企业的员工能够认真尽职地完成本职工作，企业的产品质量和绩效水平甚至能发生质的飞跃（苏中兴，2010）。

第三节　研 究 局 限

本书对服务型领导与下属行为间的影响作用进行了考察，但是本书不可避免地会受到一些主客观因素的限制，因此本书也存在着一定的局限性。

(1)数据获取上的局限。由于受时间、人力等因素的限制，本书所使用的绝大部分数据来源集中在湖南省内的几个城市，范围不够广泛，因而这就在一定程度上削弱了研究结果的说服力。

(2)研究方法上的局限。此次研究的数据收集主要是以横截面数据为主，对本书所构建模型中可能包含的因果关系的验证能力可能缺乏强有力的考察与验证，也限制了服务型领导、高绩效工作系统、心理安全和组织公民行为、建言行为和角色内行为之间的动态作用的过程。

(3)本书的数据可能会有共同方法偏差问题的存在。Podsakoff 等(2003)指出可以采取一些方法来消除共同方法偏差问题，在问卷的收集过程中我们采用了多来源、多群体两种方法并对上级问卷与下属问卷一一配对以避免同源误差。另外，本书也采用了 Harman 单因素检验和控制非可测的潜在因子两个方法对共同方法偏差问题进行了考察与检验。虽然在收集问卷过程中进行了良好的控制并对共同方法偏差问题的检验获得了良好的检验结果，但本书的共同方法偏差问题仍可能存在于数据收集这一过程中。

(4)统计分析方法上的局限。HLM 这一跨层次分析应用软件虽经过了众多研究者的有效检验与应用，但和其他统计方法一样，也或多或少地存在着瑕疵之处。例如，跨层次分析估计值的稳定需要更多检验去完成，而在某些特定情境下一些不复杂的分析程序和方法可能可以获得更好、更稳定的结果(陈晓萍等，2012)。因此，跨层次分析模型的稳定性在一定程度上可能存在着一些局限。

第四节　研 究 展 望

未来的研究可以从以下几个方面进行探索。

第一，数据收集过程和方法的改进。考察员工的行为应基于长期的数据跟踪调查，这样的数据更为全面与科学，未来的研究可以运用纵向研究的方法对变量进行多时段的考察，这能有效控制研究中可能出现的共同方法偏差问题，同时也能获得更精准的因果关系分析。

第二，在其他情境下对本书结论进行验证。未来可以扩大研究范围、研究行业范围以及样本数量对本书的研究结果进行考察，尤其需要检验服务型领导以及高绩效工作系统等这些量表的适用性，未来也可以对包括服务型领导以及高绩效工作系统等量表的进一步开发与完善。

第三，其他领导风格的影响。由于管理者领导方式的选择受企业不同发展阶段的影响，因此未来的研究应考虑以及控制其他领导风格在其中可能产生的影响，以获得更为可靠的研究结论。

第四，服务型领导与下属行为之间的作用机制还有待进一步丰富。尽管有研究证实服务型领导可以通过作用领导成员交换、信任和服务导向等形成对下属工作态度和行为的影响（赵红丹，彭正龙，2013；Ding et al.，2012；Miao et al.，2014），但未来的研究中还可以进一步选择更多的变量研究服务型领导与员工行为之间的中介作用。

第五，服务型领导对其他结果变量的作用还有待进一步深入。尽管对服务型领导的研究在近年呈不断增长的趋势，相关研究也证实了服务型领导可以对包括组织承诺、员工忠诚、工作满意度、组织绩效（王碧英，2010；Dingman，2006；邓志华，2012；Barbuto et al.，2006）产生直接或间接的作用，但对服务型领导的研究还有待丰富，未来的研究需要进一步对服务型领导的结果变量进行更深入的研究。

第六，Walumbwa 等（2010）指出，在未来研究中，为了更清楚地认识服务型领导的特征和作用，"拓展研究人员对服务型领导的过程和发挥更大（或更小）作用的条件的认识"，需要进行跨文化研究。未来的研究中，可进一步探索服务型领导对员工行为影响的不同中介变量和调节机制，尤其是对具有本土特色的调节机制的探讨。

参 考 文 献

[1] 赵雪章. 彼得·德鲁克管理思想全集[M]. 北京：中国长安出版社，2006：3.

[2] 陈晓萍，徐淑英，樊景立. 组织与管理研究的实证方法[M]. 第二版，北京大学出版社，2012：121-123.

[3] [美]哈罗德·孔茨. 管理学精要[M]. 北京：机械工业出版社，2005：8.

[4] [意]马基亚维里. 君王论[M]. 海口：海南出版社，2002：134.

[5] [美]斯蒂芬·罗杰斯. 组织行为学[M]. 北京：中国人民大学出版社，1997：34.

[6] 谢家琳. 实地研究中的调查方法[M]//陈晓萍等. 组织与管理研究的实证方法. 北京：北京大学出版社，2012：189-210.

[7] 张雷，雷雳，郭伯良. 多层线性模型应用[M]. 北京：教育科学出版社，2003：107.

[8] 曹科岩. 团队心理安全感对成员创新行为影响的跨层次研究：知识分享的中介作用[J]. 心理科学，2015，38(4)：966-972.

[9] 陈国权，赵慧群，蒋璐. 团队心理安全，团队学习能力与团队绩效关系的实证研究[J]. 科学学研究，2008，26(6)：1283-1292.

[10] 陈文平，段锦云，田晓明. 员工为什么不建言：基于中国文化视角的解析[J]. 心理科学进展，2013(5)：905-913.

[11] 程德俊，王蓓蓓. 高绩效工作系统、人际信任和组织公民行为的关系——分配公平的调节作用[J]. 管理学报，2010，8(5)：727-733.

[12] 储小平，周旎娜. 苛责式领导与员工组织公民行为：领导—部属交换的中介作用[J]. 软科学，2010，24(7)：84-88.

[13] 邓今朝，马颖楠，余绍忠. 组织变革背景下员工建言行为的结构模型——基于成就动机的理论视角[J]. 经济与管理. 2013，50-54.

[14] 邓今朝. 团队成员目标取向与建言行为的关系：一个跨层分析[J]. 南开管理评论，2010(5)：12-21.

117

[15]邓志华，陈维政，黄丽，等. 服务型领导与家长式领导对员工态度和行为影响的比较研究[J]. 经济与管理研究，2012(7)：101-110.

[16]邓志华，陈维政. 服务型领导对员工工作行为的影响——以工作满意感为中介变量[J]. 科学学与科学技术管理，2012，33(11)：172-180.

[17]邓志华，陈维政. 服务型领导研究前沿探析与未来展望[J]. 当代经济管理，2015，37(3)：68-71.

[18]杜旌，李难难，龙立荣. 基于自我效能中介作用的高绩效工作系统与员工幸福感研究[J]. 管理学报，2014，215-222.

[19]杜旌，穆慧娜，冉曼曼. 员工建言行为：前因和中介机制研究[J]. 武汉大学学报：哲学社会科学版，2014，67(6)：33-41.

[20]段锦云，黄彩云. 变革型领导对员工建言的影响机制再探：自我决定的视角[J]. 南开管理评论，2014(4)：98-109.

[21]段锦云，田晓明，王先辉等. 支持性组织氛围对员工建言行为的影响机制及理论基础[J]. 心理学进展，2011，1(1)：13-18.

[22]段锦云，王重鸣，钟建安. 大五和组织公平感对进谏行为的影响研究[J]. 心理科学，2007，30(1)：19-22.

[23]段锦云，魏秋江. 建言效能感结构及其在员工建言行为发生中的作用[J]. 心理学报，2012，44(7)：972-985.

[24]段锦云，钟建安. 组织中的进谏行为[J]. 心理科学，2005，28(1)：69-71.

[25]段锦云，凌斌. 中国背景下员工建言行为结构及中庸思维对其的影响[J]. 心理学报，2011，43(10)：1185-1197.

[26]段锦云，田晓明. 组织内信任对员工建言行为的影响研究[J]. 心理科学. 2011，34(6)：1458-1462.

[27]段锦云. 员工建言和沉默之间的关系研究：诺莫网络视角[J]. 南开管理评论，2012(4)：80-88.

[28]方志斌. 组织气氛会影响员工建言行为吗？[J]. 经济管理，2015(5)：160-170.

[29]冯永春，周光. 领导包容对员工创造行为的影响机理研究——基于心理安全视角的分析[J]. 研究与发展管理，2015，27(3)：73-82.

[30]傅晓，李忆，司有和. 家长式领导对创新的影响：一个整合模型[J]. 南开管理评论，2012(2)：121-127.

[31]高中华，赵晨. 服务型领导如何唤醒下属的组织公民行为？——社会认同

理论的分析[J]. 经济管理, 2014(6): 147-157.

[32] 顾琴轩, 王莉红. 研发团队社会资本对创新绩效作用路径——心理安全和学习行为整合视角[J]. 管理科学学报, 2015(5): 68-78.

[33] 何轩. 互动公平真的就能治疗沉默病吗? ——以中庸思维作为调节变量的本土实证研究[J]. 管理世界, 2009(4): 128-134.

[34] 黄海艳. 交互记忆系统与研发团队的创新绩效: 以心理安全为调节变量[J]. 管理评论, 2014(12): 91-99.

[35] 黄昱方, 刘海青. 高绩效工作系统对敬业度的影响[J]. 商业研究, 2016(4): 112-117.

[36] 黄昱方, 刘永恒. 高绩效工作系统对员工组织认同的影响——程序公平的中介作用及主管支持的调节作用[J]. 华东经济管理, 2016, 30(4): 117-123.

[37] 解志韬, 田新民, 祝金龙. 变革型领导对员工组织公民行为的影响: 检测一个多重中介模型[J]. 科学学与科学技术管理, 2010(3): 167-172.

[38] 郎艺, 王辉. 授权赋能领导行为与组织公民行为: 员工的领导认同感和组织心理所有权的作用[J]. 2016, 39(5): 1229-1235.

[39] 李进, 刘军, 刘雨川. 信心领导对员工建言的双元作用机理: 模型与验证[J]. 学术研究, 2016(7): 90-98.

[40] 李宁, 严进. 组织信任氛围对任务绩效的作用途径[J]. 心理学报, 2007, 39(6): 1111-1121.

[41] 李锡元, 伍林, 陈思, 等. 真实型领导对下属建言行为的影响——上司支持感的中介作用[J]. 技术经济, 2016, 35(3): 38-44.

[42] 李燚, 魏峰. 高绩效人力资源实践有助于组织认同? ——一个被中介的调节作用模型[J]. 管理世界, 2011(2): 109-117.

[43] 梁建. 道德领导与员工建言: 一个调节-中介模型的构建与检验[J]. 心理学报, 2014, 46(2): 252-264.

[44] 凌斌, 段锦云, 朱月龙. 害羞与进谏行为的关系: 管理开放性与心理授权的调节作用[J]. 应用心理学, 2010b, 16(3): 235-242.

[45] 凌茜, 汪纯孝. 公仆型领导、员工集体和个人的工作态度对服务质量的影响[J]. 管理工程学报, 2012(02): 27-33.

[46] 刘冰, 于莹莹, 袁雨晴. 团队心理安全与团队效能的关系研究——以领导行为为调节变量[J]. 华东经济管理, 2014, 28(9): 117-124.

[47] 刘生敏, 廖建桥. "禽"中纳谏: 多层次真实型领导对员工和团队抑制性

建言的影响[J]. 管理工程学报, 2016(2): 142-151.

[48] 刘生敏, 廖建桥. 中国员工真能被"领"开言路吗: 真实型领导对员工抑制性建言的影响[J]. 商业经济与管理, 2015(6): 58-68.

[49] 刘蕴. 道德型领导对员工帮助行为的影响机制——基于自我概念的视角[J]. 经济管理, 2016(1): 84-93.

[50] 罗胜强, 姜嬿. 管理学问卷调查研究方法[M]. 重庆: 重庆大学出版社. 2014: 147-148.

[51] 马贵梅, 樊耘, 门一, 等. 权威领导影响下属建言行为的双元心理机制[J]. 预测, 2014, 33(6): 1-7.

[52] 马跃如, 李树. 企业公仆型领导与下属反生产行为关系的实证研究[J]. 中大管理研究, 2011, 6(2): 23-27.

[53] 孟春艳, 孙美玲, 苍爽, 等. 公仆型领导与护士建言行为相关性研究[J]. 中国护理管理, 2014(9): 7.

[54] 苗仁涛, 周文霞, 李天柱. 高绩效工作系统与员工态度: 一个社会交换视角[J]. 管理科学, 2013, 26(5): 39-49.

[55] 苗仁涛, 周文霞, 刘军, 等. 高绩效工作系统对员工行为的影响: 一个社会交换视角及程序公平的调节作用[J]. 南开管理评论, 2013, 16(5): 38-50.

[56] 苗仁涛, 周文霞, 刘丽, 等. 高绩效工作系统有助于员工建言? 一个被中介的调节作用模型[J]. 管理评论, 2015, 27(7): 105-115.

[57] 倪昌红, 叶仁荪, 黄顺春等. 工作群体的组织支持感与群体离职: 群体心理安全感与群体凝聚力的中介作用[J]. 管理评论, 2013, 25(5): 92-101.

[58] 彭娟, 张光磊, 刘善仕. 高绩效人力资源实践活动对员工流失率的协同与互补效应研究[J]. 管理评论, 2016, 28(5): 175-185.

[59] 彭正龙, 赵红丹. 组织公民行为真的对组织有利吗——中国情境下的强制性公民行为研究[J]. 南开管理评论, 2011(1): 17-27.

[60] 乔坤, 周悦诚. 人力资源管理实践对组织绩效影响的元分析[J]. 中国管理科学, 2008, 16(10): 544-550.

[61] 卿涛, 凌玲, 闫燕. 团队领导行为与团队心理安全, 以信任为中介变量的研究[J]. 心理科学, 2012, 49(1): 208-212.

[62] 邱功英, 龙立荣. 威权领导与下属建言的关系: 一个跨层分析[J]. 科研管理, 2014, 35(10): 86-93.

[63]邱伟年，崔鼎昌，曾楚宏. 家长式领导，高绩效工作系统与企业绩效[J].
    广东财经大学学报，2014，29(3)：46-54.

[64]苏中兴. 转型期中国企业的高绩效人力资源管理系统：一个本土化的实证
    研究[J]. 南开管理评论，2010(4)：99-108.

[65]孙怀平，杨东涛，王洁心. 基于生命周期的领导风格对人力资源管理实践
    影响研究[J]. 科学学与科学技术管理，2007，28(3)：166-169.

[66]孙健敏，张明睿. 所有制对高绩效工作系统与员工满意度关系的调节作用
    [J]. 经济理论与经济管理，2009(10)：3.

[67]唐翌. 团队心理安全，组织公民行为和团队创新——一个中介传导模型的
    实证分析[J]. 南开管理评论，2005，8(6)：24-29.

[68]唐於. 一种全新的领导理念——仆人式领导的兴起与发展[J]. 社会心理
    科学，2010(11)：15-18.

[69]田在兰，黄培伦. 基于自我认知理论的家长式领导对建言的影响[J]. 科
    研管理，2014，35(10)：150-160.

[70]汪纯孝，凌茜，张秀娟. 我国企业公仆型领导量表的设计与检验[J]. 南
    开管理评论，2009，12(3)：94-103.

[71]王碧英，高日光. 中国组织情境下公仆型领导有效性的追踪研究[J]. 心
    理科学进展，2014，22(10)：1532-1542.

[72]王碧英，高日光. 西方公仆型领导的内涵、测量及其有效性述评[J]. 第
    一资源，2012(6)：149-159.

[73]王虹. 中国企业背景下高绩效工作系统的结构维度研究[J]. 科学学与科
    学技术管理，2010，31(9)：178-183.

[74]王虹. 高绩效工作系统的结构维度及其对企业绩效影响研究[J]. 软科学，
    2011，25(1)：140-144.

[75]王林，杨东涛，秦伟平. 高绩效人力资源管理系统对新产品成功影响机制
    研究[J]. 南开管理评论，2011，14(4)：108-117.

[76]魏昕，张志学. 上级何时采纳促进性或抑制性进言？——上级地位和下属
    专业度的影响[J]. 管理世界，2014(1)：132-143.

[77]魏昕，张志学. 组织中为什么缺乏抑制性进言？[J]. 管理世界，2010
    (10)：99-109.

[78]吴隆增，曹昆鹏，陈苑仪，等. 变革型领导行为对员工建言行为的影响研
    究[J]. 管理学报，2011，8(1)：61-66.

[79]吴维库，王未，刘军，等. 辱虐管理，心理安全感知与员工建言[J]. 管

理学报，2012，9(1)：57-63.

[80]吴维库，姚迪. 服务型领导与员工满意度的关系研究[J]. 管理学报，2009，6(3)：338-341.

[81]向常春，龙立荣. 参与型领导与员工建言：积极印象管理动机的中介作用[J]. 管理评论，2013，25(7)：156-166.

[82]阎亮，白少君. 高绩效工作系统与员工创新行为：个人感知视角的影响机制[J]. 科技进步与对策，2016，33(20)：134-139.

[83]颜爱民，陈丽. 高绩效工作系统对员工行为的影响——以心理授权为中介[J]. 中南大学学报：社会科学版，2016，22(3)：107-113.

[84]颜爱民，胡仁泽，徐婷. 新生代员工感知的高绩效工作系统与工作幸福感关系研究[J]. 管理学报，2016，13(4)：542-550.

[85]颜爱民，肖遗规，唐明. 服务型领导与下属工作绩效的跨层分析——以心理安全为中介[J]. 中南大学学报：社会科学版，2017，23(1)：74-81.

[86]颜爱民，徐婷，吕志科. 高绩效工作系统，知识共享与企业绩效的关系研究[J]. 软科学，2015，29(1)：70-73.

[87]于海波，关晓宇，郑晓明. 家长式领导创造绩效，服务型领导带来满意——两种领导行为的整合[J]. 科学学与科学技术管理，2014，35(6)：172-180.

[88]于晓宇，胡芝甜，陈依，等. 从失败中识别商机：心理安全与建言行为的角色[J]. 管理评论，2016，154-164.

[89]张晨，朱静，段锦云，等. 参与型领导与员工建言：自我建构的调节作用[J]. 应用心理学，2016，22(1)：26-36.

[90]张军伟，龙立荣. 服务型领导对员工人际公民行为的影响：宽恕氛围与中庸思维的作用[J]. 管理工程学报，2016(1)：43-51.

[91]张鹏程，刘文兴，廖建桥. 魅力型领导对员工创造力的影响机制：仅有心理安全足够吗？[J]. 管理世界，2011(10)：94-107.

[92]张燕，解蕴慧，王泸. 组织公平感与员工工作行为：心理安全感的中介作用[J]. 北京大学学报(自然科学版)，2015，51(1)：180-186.

[93]张一驰，张正堂. 高绩效工作体系的生效条件[J]. 南开管理评论，2004，7(5)：70-76.

[94]张正堂，赵曙明，杨东. 异地复制式快速成长企业的高绩效人力资源实践：跨案例研究[J]. 南京大学学报(哲学·人文科学·社会科学版)，2011，48(2)：134-146.

[95] 赵红丹, 彭正龙. 服务型领导与团队绩效: 基于社会交换视角的解释[J]. 系统工程理论与实践, 2013, 33(10): 2524-2532.

[96] 郑伯埙, 周丽芳, 黄敏萍. 家长式领导的三元模式: 中国大陆企业组织的证据[J]. 本土心理学研究, 2003, 20: 209-252.

[97] 郑建君. 基层公务员组织承诺和建言行为的关系——以领导成员关系为调节变量的模型检验[J]. 山西大学学报: 哲学社会科学版, 2014, 37(5): 137-144.

[98] 仲理峰, 心理资本对员工的工作绩效、组织承诺及组织公民行为的影响[J]. 心理学报, 2007, 39(2): 328-334.

[99] 仲理峰. 高绩效人力资源实践对员工工作绩效的影响. 管理学报, 2013, 10(7): 993-999.

[100] 周菲, 张传庆. 高绩效工作系统对员工工作行为的影响——心理资本的中介作用研究[J]. 北京社会科学, 2012(3): 33-40.

[101] 周建涛, 廖建桥. 为何中国员工偏好沉默——威权领导对员工建言的消极影响[J]. 商业经济与管理, 2012(11): 71-81.

[102] 朱超威, 章凯, 李君兰. 基于 CAS 视角的领导研究评介与组织高层领导者角色—行为模型构建[J]. 外国经济与管理, 2010(4): 31-39.

[103] 朱学红, 唐颖洁, 黄健柏. 基于心理契约的创新团队隐性激励研究[J]. 科技管理研究, 2008(10): 246-250.

[104] 朱玥, 王晓辰. 服务型领导对员工建言行为的影响: 领导-成员交换和学习目标取向的作用[J]. 心理科学, 2015, 38(2): 426-432.

[105] 朱玥, 王永跃. 服务型领导对员工工作结果的影响: 亲社会动机的中介效应和互动公平的调节效应[J]. 心理科学, 2014, 37(4): 968-972.

[106] 庄子匀, 陈敬良. 服务型领导对员工创新行为和团队创新能力的影响: 个体与团队的多层次实证研究[J]. 预测, 2015, 34(5): 15-21.

[107] Bass, B.M. Stogdill's handbook of leadership(rev. ed.)[M].New York: The Free Press,1981:7.

[108] Chavez E G D. Servant leadership in bolivia: A phenomenological study of long-term effects of a founding servant leader on two educational organizations [M]. Regent University,2011:99.

[109] Hirschman A O, Exit Voice and Loyalty. Responses to decline in firms, organizations and states[M].Harvard University Press,1970:101.

[110] James M. Burns.Leadership [M]. New York: Harper & Row,1978:119.

[111]Noe R A, Hollenbeck J R, Gerhart B, et al. Fundamentals of human resource management[M]. Boston, MA: McGraw-Hill/Irwin, 2007:68.

[112]Robbins C.Management[M].NY:McGraw-Hill Inc.,2002:101-103.

[113]Spears L C. Insights on leadership: Service, stewardship, spirit, and servant-leadership[M]. John Wiley & Sons, 1998:79-83.

[114]Liang J,Farh J L. Promotive and prohibitive voice behavior in organizations:A two-wave longitudinal examination [A].//Biannual meeting of international association for Chinese management research (IACMR) [C]. Guangzhou, China,2008:17.

[115]Nelson L. An exploratory study of the application and acceptance of servant-leadership theory among black leaders in South Africa[D]. Regent University, 2003:12.

[116]Walumbwa, F. O., Morrison, E. W., Christensen, A. (2011). The effect of ethical leadership on group performance: The mediating role of group conscientiousness and group voice[D].University of Arizona,2011:25-27.

[117]Al Haj B K,Sarimin R, Nasir N H M, et al. Servant leadership style: A case study of government agency in malaysia[C]//UMT 11th international annual symposium on sustainability science and management 09th-11th July. 2012:47.

[118]Aimin Yan, Yigui Xiao. Servant leadership and employee voice behavior: A cross-level investigation in China[J]. SpringerPlus,2016(5):1595-1606.

[119]Aritz J, Walker R C. Leadership styles in multicultural groups: Americans and East Asians working together[J]. International Journal of Business Communication, 2014, 51(1): 72-92.

[120]Aryee S, Budhwar P S, Chen Z X. Trust as a mediator of the relationship between organizational justice and work outcomes: Test of a social exchange model[J]. Journal of Organizational Behavior, 2002, 23(3): 267-285.

[121]Aryee, S., Walumbwa, F. O., Seidu, E. Y, Otaye, L. E. Impact of high-performance work systems on individual-and branch-level performance:Test of a multilevel model of intermediate linkages [J]. Journal of Applied Psychology,2012,97(2):287-300.

[122]Atkinson S. Senior management relationships and trust: an exploratory study [J]. Journal of Managerial Psychology,2004(6):571-587.

[123] Avery D R, McKay P F, Wilson D C, et al. Does voice go flat? How tenure diminishes the impact of voice[J]. Human Resource Management, 2011, 50 (1):147-158.

[124] Avery D R, Quiñones M A. Disentangling the effects of voice: The incremental roles of opportunity, behavior, and instrumentality in predicting procedural fairness[J]. Journal of Applied Psychology, 2002, 87(1):81-86.

[125] Avey, J. B., Palanski, M. E. & Walumbwa, F. O.. When leadership goes unnoticed: The moderating role of follower self-esteem on the relationship between ethical leadership and follower behavior[J]. Journal of Business Ethics, 2011, 98(4):573-582.

[126] Avolio B J, Gardner W L. Authentic leadership development: Getting to the root of positive forms of leadership[J]. The Leadership Quarterly, 2005, 16(3): 315-338.

[127] Babakus E, Yavas U, Ashill N J. Service worker burnout and turnover intentions: Roles of person-job fit, servant leadership, and customer orientation [J]. Services Marketing Quarterly, 2010, 32(1):17-31.

[128] Bae Kiu Sik, Chuma H, Kato T, et al. High performance work practices and employee voice: A comparison of Japanese and Korean workers[J]. Industrial Relations: A Journal of Economy and Society, 2011, 50(1): 1-29.

[129] Baer M, Frese M. Innovation is not enough: Climates for initiative and psychological safety, process innovations, and firm performance[J]. Journal of Organizational Behavior, 2003, 24(1): 45-68.

[130] Bamberger P, Kohn E, Nahum-Shani I. Aversive workplace conditions and employee grievance filing: The moderating effects of gender and ethnicity[J]. Industrial Relations: A Journal of Economy and Society, 2008, 47(2): 229-259.

[131] Bangcheng Liu, Hu, Wei; Cheng, Yen-Chuan. From the west to the east: validating servant leadership in the Chinese public sector[J].Public Personnel Management, 2015, 44(1):25-45.

[132] Barbuto Jr J E, Wheeler D W. Scale development and construct clarification of servant leadership[J]. Group & Organization Management, 2006, 31(3): 300-326.

[133] Bashshur M R, Oc B. When voice matters A multilevel review of the impact of

voice in organizations[J]. Journal of Management,2015,41(5):1530-1554.

[134]Birkenmeier B, Carson P P, Carson K D. The father of Europe: An analysis of the supranational servant leadership of Jean Monnet[J].International Journal of Organization Theory and Behavior, 2003, 6(3): 374-400.

[135]Boiral O, Paillé P. Organizational citizenship behaviour for the environment: Measurement and validation[J]. Journal of Business Ethics, 2012, 109(4): 431-445.

[136]Bolino, M C, Turnley, W H. The personal costs of citizenship behavior: The relationship between individual initiative and role overload, job stress, and work family conflict[J].Journal of Applied Psychology,2005,90(4):740-748.

[137]Botero I C, Van Dyne L. Employee voice behavior interactive effects of LMX and power distance in the United States and Colombia [J]. Management Communication Quarterly,2009,23(1):84-104.

[138]Brockner J, Ackerman G, Greenberg J, et al. Culture and procedural justice: The influence of power distance on reactions to voice [J]. Journal of Experimental Social Psychology,2001,37(4):300-315.

[139] Brown S P, Leigh T W. A new look at Psychological climate and its relationship to job involvement, effort, and performance[J].Journal of Applied Psychology,1996 (4):358-368.

[140]Brubaker T A, Bocarnea M C, Patterson K, et al. Servant leadership and organizational citizenship in Rwanda: A moderated mediation model [J]. Servant Leadership: Theory and Practice, 2015, 2(2): 27-56.

[141]Bryson A, Willman P, Gomez R, et al. The comparative advantage of non-union voice in britain, 1980-2004[J]. Industrial Relations: A Journal of Economy and Society,2013,52(s1):194-220.

[142]Carmeli A, Brueller D, Dutton J E. Learning behaviours in the workplace: The role of high-quality interpersonal relationships and psychological safety [J]. Systems Research and Behavioral Science,2009(26):81-98.

[143]Carmeli A, Gittell J H. High-quality relationships, psychological safety, and learning from failures in work organizations [J]. Journal of Organizational Behavior,2009(30):709-729.

[144]Chand M. The impact of HRM practices on service quality, customer satisfaction and performance in the Indian hotel industry[J]. The International

Journal of Human Resource Management,2010,21(4):551-566.

[145]Chang S,Jia L,Takeuchi R,et al. Do high-commitment work systems affect creativity? A multilevel combinational approach to employee creativity[J]. Journal of Applied Psychology,2014,99(4):665-680.

[146]Chen G,Ployhart R E,Thomas H C,et al. The Power of momentum:A new model of dynamic relationships between job satisfaction change and turnover intentions[J]. The Academy of Management Journal,2011,54(1):159-181.

[147]Chen Z,Zhu J,Zhou M. How does a servant leader fuel the service fire? A multilevel model of servant leadership, individual self identity, group competition climate, and customer service performance[J]. Journal of Applied Psychology,2015,100(2):511-521.

[148]Chris Roussin. Grouded rationality and change work teams:The importance of dyadic discovery[J]. Academy of Management Best Conference Paper,2006, MOC:D1-D6.

[149]Chuang,C. H.,Liao,H. Strategic human resource management in service context:Taking care of business by taking care of employees and customers [J]. Personnel Sychology,2010,63(1):153-196.

[150]Chughtai A A. Servant leadership and follower outcomes:Mediating effects of organizational identification and psychological safety [J]. The Journal of Psychology, 2016:1-15.

[151] Conger J A, Kanungo R N. Toward a behavioral theory of charismatic leadership in organizational settings[J]. Academy of Management Review, 1987,12(4):637-647.

[152]Crant J M,Kim T Y,Wang J. Dispositional antecedents of demonstration and usefulness of voice behavior[J]. Journal of Business and Psychology,2011,26 (3):285-297.

[153]Dasborough,M. T., Ashkanasy,N. M. Emotion and attribution of intentionality in leader-member relationships [J]. Leadership Quarterly, 2002 (13): 615-634.

[154]Day D V, O'Connor P M G. Leadership development: Understanding the process[J]. The Future of Leadership Development,2003:11-28.

[155]Deci E L,Ryan R M. The "what" and "why" of goal pursuits: human needs and the self-determination of behavior[J]. Psychological Inquiry, 2000, 11

(4):227-268.

[156] Delery J E, Doty D H. Modes of theorizing in strategic human resource management: Tests of universalistic, contingency, and configurational performance predictions[J]. Academy of Management Journal, 1996, 39(4): 802-835.

[157] Delery J E. Issues of fit in strategic human resource management: Implications for research [J]. Human Resource Management Review, 1998, 8 (3): 289-309.

[158] Den Hartog D N, Boon C, Verburg R M, et al. HRM, communication, satisfaction, and perceived performance a cross-level test [J]. Journal of Management, 2013,39(6):1637-1665.

[159] Detert J R, Burris E R, Harrison D A, et al. Voice flows to and around leaders understanding when units are helped or hurt by employee voice [J]. Administrative Science Quarterly, 2013,58(4):624-668.

[160] Detert J R, Edmondson A C. Implicit voice theories:Taken-for-granted rules of self-censorship at work[J]. Academy of Management Journal, 2011,54(3): 461-488.

[161] Detert, J. R., Burris, E. R.. Leadership behavior and employee voice: Is the door really open? [J]. Academy of Management Journal, 2007, 50 (4): 869-884.

[162] Detienne K B, Agle B R, Phillips J C, et al. The impact of moral stress compared to other stressors on employee fatigue, job satisfaction, and turnover: An empirical investigating[J]. Journal of Business Ethics, 2012, 110 (3): 1-15.

[163] Ding D, Lu H, Song Y, et al. Relationship of servant leadership and employee loyalty: The mediating role of employee satisfaction[J]. iBusiness, 2012, 4 (03):208-215.

[164] Duan J, Kwan H K, Ling B. The role of voice efficacy in the formation of voice behavior: A cross-level examination [J]. Journal of Management and Organization, 2014,20:526-543.

[165] Dutton J E, Ashford S J, Lawrence K A, et al. Red light, green light: Making sense of the organizational context for issue selling[J]. Organization Science, 2002,13(4): 355-369.

[166] Dyne L V, Ang S, Botero I C. Conceptualizing employee silence and employee voice as multidimensional constructs [J]. Journal of Management Studies, 2003, 40(6): 1359-1392.

[167] Ebener D R, Connell D O. How might servant leadership work? [J]. Nonprofit Management and Leadership, 2010(3):315-335.

[168] Edmondson A C. Psychological safety and learning behavior in workteams[J]. Administrative Science Quarterly, 1999 (2):350-383.

[169] Ehrhart M G. Leadership and procedural justice climate as antecedents of unit-level organizational citizenship behavior[J]. Personnel Psychology, 2004(1): 61-94.

[170] Ehrnrooth M, Björkman I. An integrative HRM process theorization: Beyond signalling effects and mutual gains[J]. Journal of Management Studies, 2012, 49(6):1109-1135.

[171] Erkutlu H, Chafra J. Servant leadership and voice behavior in higher education yükseögretimde hizmetkâr liderlik ve dile getirme davranışı[J]. Journal of Education, 2005, 30(4):29-41.

[172] Farrell D, Rusbult C. Understanding the retention function: A model of the causes of exit, voice, loyalty, and neglect behaviors [J]. Personnel Administrator, 1985, 30(4):129-140.

[173] Fernandez S, Moldogaziev T. Empowering public sector employees to improve performance: Does it work? [J]. The American Review of Public Administration, 2011(41):23-47.

[174] Frazier M L, Fainshmidt S. Voice climate, work outcomes, and the mediating role of psychological empowerment: a multilevel examination[J]. Group & Organization Management, 2012, 37(6): 691-715.

[175] Garg, P., Rastogi, R., Kataria, A. The influence of organizational justice on organizational citizenship behaviour [J]. International Journal of Business Insights, 2013, 6(2):84-93.

[176] Gary Schwarz, Alexander Newman, Brian Cooper, et al. Servant leadership and follower job performance: The mediating effect of public service motivation[J]. Public Administration, 2016:1-17.

[177] Gilbert, C., De Winne, S., Sels, L.. The influence of line managers and HR department on employees' affective commitment[J]. The International Journal

of Human Resource Management,2011,22(8):1618-1637.

[178]Gino F,Schweitzer M E. Blinded by anger or feeling the love: how emotions influence advice taking[J]. Journal of Applied Psychology, 2008, 93(5): 1165-1173.

[179]Gong Y,Chang S,Cheung S Y. High performance work system and collective OCB: A collective social exchange perspective [J]. Human Resource Management Journal, 2010,20(2):119-137.

[180]Graham J W, Van Dyne L. Gathering information and exercising influence: Two forms of civic virtue organizational citizenship behavior[J]. Employee Responsibilities and Rights Journal,2006,18(2):89-109.

[181]Graham J W. Servant-leadership in organizations:Inspirational and moral[J]. The Leadership Quarterly,1991,2(2):105-119.

[182]Hofstede G. Cultural constraints in management theories[J]. The Academy of Management Executive,1993,7(1):81-94.

[183]Hogg M A, van Knippenberg D; Rast D E. Intergroup leadership in organizations: Leading across group and organizational boundaries [J]. Academy of Management Review,2012,37(2):232-255.

[184]Holtz B C, Harold C M .Effects of leadership consideration and structure on employee perceptions of justice and counterproductive work behavior[J]. Journal of Organizational Behavior,2013,34(4):492-519.

[185]House R J, Aditya R N. The social scientific study of leadership: Quo vadis? [J]. Journal of Management, 1997, 23(3): 409-473.

[186]Hsiung H H. Authentic leadership and employee voice behavior: A multi-level psychological process [J]. Journal of Business Ethics, 2012, 107(3): 349-361.

[187]Hu J, Liden R C. Antecedents of team potency and team effectiveness: An examination of goal and process clarity and servant leadership[J]. Journal of Applied Psychology, 2011, 96(4): 851-862.

[188]Irving J A, Longbotham G. Team effectiveness and six essential servant leadership themes:A regression model based on items in the organizational leadership assessment [J]. International Journal of Leadership Studies,2007,2(2):98-113.

[189]Ja'afaru Bambale A.Relationship between servant leadership and organizational

citizenship behaviors: Review of literature and future research directions[J].
Journal of Marketing & Management, 2014,5(1):1-16.

[190]Janssen, O., Van Yperen, N. W.Employees' goal orientations, the quality of leader-member exchange, and the outcomes of job performance and job satisfaction[J].Academy of Management Journal,2004,47(3):368-384.

[191]Jiang K,Lepak D P,Han K,et al. Clarifying the construct of human resource systems: Relating human resource management to employee performance[J]. Human Resource Management Review,2012,22(2):73-85.

[192]Joseph E E,Winston B E. A correlation of servant leadership, leader trust, and organizational trust[J]. Leadership & Organization Development Journal, 2005, 26(1): 6-22.

[193]Liu J, Wang H, Hui C, et al. Psychological ownership: How having control matters[J]. Journal of Management Studies, 2012, 49(5): 869-895.

[194] Kahn W A. Psychological conditions of personal engagement and disengagement atwork[J]. Academy of Management Journal, 1990, 33 (4): 692-724.

[195]Kark R,Carmeli A. Alive and creating: The mediating role of vitality and aliveness in the relationship between psychological safety and creative work involvement[J]. Journal of Organizational Behavior,2009,30(6):785-804.

[196]Kashyap V,Rangnekar S. Servant leadership,employer brand perception,trust in leaders and turnover intentions:A sequential mediation model [J]. Review of Managerial Science,2016:1-25.

[197]Katz D. The motivational basis of organizational behavior [J]. Behavioral Science,1964,9(3):131-146.

[198]Kehoe,R. R.,Wright,P. M. The impact of high-performance human resource practices on employees' attitudes and behaviors[J]. Journal of Management, 2013,39(2):366-391.

[199]Klaas B S,Olson-Buchanan J B,Ward A K. The determinants of alternative forms of workplace voice an integrative perspective [J]. Journal of Management, 2012,38(1):314-345.

[200]Kuvaas,B..An exploration of how the employee-organization relationship affects the linkage between perception of developmental human resource practices and employee outcomes[J]. Journal of Management Studies,2008,45(1):1-25.

[201] Lamm E, Tosti-Kharas J, Williams E G. Read this article, but don't print it: Organizational citizenship behavior toward the environment [J]. Group & Organization Management, 2013, 38(2): 163-197.

[202] Lee H S. Paternalistic human resource practices: Their emergence and characteristics [J]. Journal of Economic Issues, 2001, 35(4):841-869.

[203] LePine J A, Van Dyne L. Voice and cooperative behavior as contrasting forms of contextual performance: Evidence of differential relationships with big five personality characteristics and cognitive ability [J]. Journal of Applied Psychology, 2001, 86(2):326-336.

[204] Lian H, Ferris D L, Brown D J. Does power distance exacerbate or mitigate the effects of abusive supervision? It depends on the outcome [J]. Journal of Applied Psychology, 2012, 97(1):107-123.

[205] Liang J, Farh C I C, Farh J L. Psychological antecedents of promotive and prohibitive voice: A two-wave examination [J]. Academy of Management Journal, 2012, 55(1):71-92.

[206] Liden R C, Panaccio A, Meuser J D, et al. 17 Servant Leadership: Antecedents, Processes, and Outcomes [J]. The Oxford Handbook of Leadership and Organizations, 2014:357-379.

[207] Liden R C, Wayne S J, Meuser J D, et al. Servant leadership: Validation of a short form of the SL-28 [J]. The Leadership Quarterly, 2015, 26(2):254-269.

[208] Liden, R. C., Wayne, S. J., Zhao, H., Henderson, D. Servant leadership: Development of a multidimensional measure and multi-level assessment [J]. Leadership Quarterly, 2008, 19 (2):161-177.

[209] Liden R C, Wayne S J, Liao C, et al. Servant leadership and serving culture: Influence on individual and unit performance [J]. Academy of Management Journal, 2014, 57(5):1434-1452.

[210] Ling Y, Simsek Z, Lubatkin M H, et al. The impact of transformational CEOs on the performance of small-to medium-sized firms: Does organizational context matter? [J]. Journal of Applied Psychology, 2008, 93(4):923-934.

[211] Liu Wu, Zhu Renhong, Yang Yongkang. I warn you because I like you: Voice behavior, employee identifications, and transformational leadership [J]. The Leadership Quarterly, 2010, (21):189-202.

[212] Macky K, Boxall P. The relationship between "high-performance work

practices" and employee attitudes: An investigation of additive and interaction effects[J]. The International Journal of Human Resource Management, 2007, 18(4):537-567.

[213] Malingumu W, Stouten J, Euwema M, et al. Servant leadership, organisational citizenship behavior and creativity: The mediating role of team-member exchange[J]. Psychologica Belgica, 2016, 56(4):342-356.

[214] May D R, Gilson R L, Harter L M. The psychological conditions of meaningfulness, safety and availability and the engagement of the human spirit at work[J]. Journal of Occupational and Organizational Psychology, 2004, 77 (1):11-37.

[215] Mayer R C, Davis J H, Schoolman F D. An integrative model of organizational trust[J]. Academy of Management Review, 1995(3):709-734.

[216] Mehta S, Pillay R. Revisiting servant leadership: An empirical study in Indian context[J]. Journal of Contemporary Management Research, 2011, 5(2): 24-41.

[217] Messersmith J G, Patel P C, Lepak D P, et al. Unlocking the black box: exploring the link between high-performance work systems and performance [J]. Journal of Applied Psychology, 2011, 96(6):1105-1118.

[218] Milliken F J, Lam N. Making the decision to speak up or to remain silent: Implications for organizational learning [J]. Voice and Silence in Organizations, 2009:225-244.

[219] Milliken, F. J., Morrison, E. W., Hewlin, P. F.. An exploratory study of employee silence: Issues that employees don't communicate upward and why [J]. Journal of Management Studies, 2003, (40):1453-1476.

[220] Morrison E F, Phelps C C. Taking charge at work: extra role efforts to initiate workplace change [J]. Academy of Management Journal, 1999, 42(4): 403-419.

[221] Morrison E W, Wheeler-Smith S L, Kamdar D. Speaking up in groups: A cross-level study of group voice climate and voice [J]. Journal of Applied Psychology, 2011, 96(1):183-191.

[222] Morrison E W. Employee voice behavior: Integration and directions for future research[J]. The Academy of Management Annals, 2011, 5(1):373-412.

[223] Nemanich L A, Vera D. Transformational leadership and ambidexterity in the

context of an acquisition[J]. The Leadership Quarterly,2009(20):19-33.

[224]Nembhard I M, Edmondson A C. Making it safe: The effects of leader inclusiveness and professional status on psychological safety and improvement efforts in health care teams[J]. Journal of Organizational Behavior, 2006,27 (7):941-966.

[225]Neubert M J, Kacmar K M, Carlson D S, et al. Regulatory focus as a mediator of the influence of initiating structure and servant leadership on employee behavior[J]. Journal of Applied Psychology, 2008, 93(6): 1220-1233.

[226]Newman A,Schwarz G, Cooper B, et al. How servant leadership influences organizational citizenship behavior: The roles of LMX, empowerment, and proactive personality[J]. Journal of Business Ethics,2015:1-14.

[227]Ng T W H,Feldman D C. Employee voice behavior:A meta-analytic test of the conservation of resources framework[J]. Journal of Organizational Behavior, 2012,33(2):216-234.

[228]Paillé P,Chen Y,Boiral O,et al. The impact of human resource management on environmental performance: An employee-level study [J]. Journal of Business Ethics, 2014,121(3):451-466.

[229]Parker S K,Collins C G.Taking stock: Integrating and differentiating multiple proactive behaviors[J]. Journal of Management,2010,36(3):633-662.

[230]Parris, D. L. and J. W. Peachey. A systematic literature review of servant leadership theory in organizational contexts [J].Journal of Business Ethics, 2013,113(3):377-393.

[231]Patel,P. C.,Messersmith, J. G., Lepak, D. P. Walking the tight-rope:An ssessment of the relationship between high performance work systems and organizational ambidexterity[J]. Academy of Management Journal,2013,56 (5):1420-1442.

[232]Peterson S J, Galvin B M, Lange D. CEO servant leadership: Exploring executive characteristics and firm performance [J]. Personnel Psychology, 2012(65):565-596.

[233]Podsakoff P M, MacKenzie S B, Paine J B, et al. Organizational citizenship behaviors: A critical review of the theoretical and empirical literature and suggestions for future research[J]. Journal of management, 2000, 26(3): 513-563.

[234] Pratt, M. G. To be or not to be: Central questions in organizational identification [J]//Identity in organizations: Building theory through conversations[M].Thousand Oaks,CA:Sage,1998:171-208.

[235] Premeaux S F, Bedeian A G.Breaking the silence:The moderating effects of self-monitoring in predicting speaking up in the workplace [J]. Journal of Management Studies,2003,40(6):1537-1562.

[236] Qing Miao, Alexander Newman, Gary Schwarz, et al. Servant leadership, trust,and the organizational commitment of public sector employees in China [J].Public Administration,2014,92(3),727-743.

[237] Hirak R, Peng A C,Carmeli A,et al. Linking leader inclusiveness to work unit performance: The importance of psychological safety and learning from failures [J]. The Leadership Quarterly, 2012, 23(1): 107-117.

[238] Riordan C M,Vandenberg R J,Richardson H A. Employee involvement climate and organizational effectiveness[J]. Human Resource Management,2005,44 (4):471-488.

[239] Roberto M A. Lessons from everest: The interaction of cognitive bias, psychological safety, and system complexity [J]. California Management Review,2002,45(1):136-158.

[240] Robinson S L, O'Leary-Kelly A M. Monkey see,monkey do:The influence of work groups on the antisocial behavior of employees [J]. Academy of Management Journal, 1998,41(6):658-672.

[241] Rotundo M, Sackett P R. The relative importance of task,citizenship, and counterproductive performance to global ratings of job performance:a policy-capturing approach[J]. Journal of Applied Psychology,2002,87(1):66-80.

[242] Russell R F, Gregory Stone A. A review of servant leadership attributes: Developing a practical model[J]. Leadership & Organization Development Journal,2002,23(3):145-157.

[243] Schaubroeck,J.,Lam,S. S. K.,Peng, A. C. Y.Cognition-based and affect-based trust as mediators of leader behavior influences on team performance [J].Journal of Applied Psychology,2011,96(4):863-871.

[244] Schein E H. Bennis W G. Personal and organizational change through group methods[M]. New York:Wiley,1965:43-45.

[245] Schneider S K, George W M. Servant leadership versus transformational

leadership in voluntary service organizations[J]. Leadership & Organization Development Journal, 2011,32(1):60-77.

[246]Shaohua Mu, Devir Gnyawali. Synergistic knowledge development in cross-major student groups:an empirical examination[J]. Academy of Management Proceedings 2000 MED:C1-C6.

[247]Shin S J, Zhou J. Transformational leadership, conservation, and creativity: Evidence from Korea [J]. Academy of Management Journal, 2003 (46): 703-714.

[248]Siemsen E, Roth A V, Balasubramanian S. How motivation, opportunity, and ability drive knowledge sharing:The constraining-factor model[J]. Journal of Operations Management,2008,26(3):426-445.

[249]Snape, E., Redman, T. HRM Practices, organizational citizenship behavior, and performance:A multi-level analysis[J]. Journal of Management Studies,2010, 47(7):1219-1247.

[250]Spears, L. Reflections on Robert K. Greenleaf and servant-leadership [J]. Leadership & Organization Development Journal,1996,17 (7):33-35.

[251]Sutt S U, Walker R M, Xue L. Reform and transition in public administration theory and practice in Greater China[J]. Public Administration, 2013, 91 (2): 253-260.

[252]Sun, J. M., Wang, B. Y. Servant leadership in China: conceptualization and measurement. [J].Advances in Global Leadership,2009(5):321-344.

[253]Sun L Y, Aryee S, Law K S. High-performance human resource practices, citizenship behavior, and organizational performance: A relational perspective [J]. Academy of Management Journal, 2007, 50(3): 558-577.

[254]Takeuchi R, Chen Z, Cheung S Y. Applying uncertainty management theory to employee voice behavior: An integrative investigation [J]. Personnel Psychology, 2012,65(2):283-323.

[255]Tangirala S, Ramanujam R. Ask and you shall hear (but not always): Examining the relationship between manager consultation and employee voice [J].Personnel Psychology,2012,65(2):251-282.

[256]Tremblay M, Cloutier J, Simard G, et al. The role of HRM practices, procedural justice, organizational support and trust in organizational commitment and in-role and extra-role performance [J]. The International

Journal of Human Resource Management, 2010,21(3):405-433.

[257] Tynan R. The effects of threat sensitivity and face giving on dyadic psychological safety and upward communication1[J]. Journal of Applied Social Psychology, 2005, 35(2): 223-247.

[258] Van Dierendonck D, Nuijten I. The servant leadership survey: Development and validation of a multidimensional measure[J]. Journal of Business and Psychology, 2011, 26(3): 249-267.

[259] Van Dyne L, Lepine J A. Helping and voice extra-role behavior: Evidence of construct and predictive validity[J]. Academy of Management Journal, 1998, 41(1):108-119.

[260] van Dierendonck, D. Servant leadership: A review and synthesis[J]. Journal of Management, 2011, 37 (4):1228-1261.

[261] Van Dyne L, LePine J A. Helping and voice extra-role behaviors: Evidence of construct and predictive validity[J]. Academy of Management Journal, 1998, 41(1):108-119.

[262] van Prooijen J W, van den Bos K, Wilke H A M. Group belongingness and procedural justice: social inclusion and exclusion by peers affects the psychology of voice[J]. Journal of Personality and Social Psychology, 2004, 87(1):66-79.

[263] Van Velsor, E. & McCauley, CD (2004). Our view of leadership development [J]//The center for creative leadership handbook of leadership development (2nd ed.)[M]. San Francisco: Jossey-Bass, 2004:1-22.

[264] Venkataramani V, Tangirala S. When and why do central employees speak up? An examination of mediating and moderating variables[J]. Journal of Applied Psychology, 2010,95(3):582-591.

[265] Vermeeren B, Kuipers B, Steijn B. Does leadership style make a difference? Linking HRM, job satisfaction, and organizational performance [J]. Review of Public Personnel Administration, 2014,34(2):174-195.

[266] Viswesvaran C, Ones D S. Perspectives on models of job performance[J]. International Journal of Selection and Assessment, 2000,8(4):216-226.

[267] Vondey M. The relationships among servant leadership, organizational citizenship behavior, person-organization fit, and organizational identification [J]. International Journal of Leadership Studies, 2010,6(1):3-27.

[268]Walumbwa,F.O.,Schaubroeck,J..Leader personality traits and employee voice behavior:Mediating roles of ethical leadership and work group psychological safety[J]. Journal of Applied Psychology,2009,94(5):1275-1286.

[269]Walumbwa, F. O., Hartnell, C. A., Oke, A. Servant leadership, procedural justice climate, service climate, employee attitudes, and organizational citizenship behavior: A cross-level investigation [J]. Journal of Applied Psychology,2010(95):517-529.

[270]Wang A C, Hsieh H H, Tsai C Y, et al. Does value congruence lead to voice? Cooperative voice and cooperative silence under team and differentiated transformational leadership[J]. Management and Organization Review, 2012, 8(2): 341-370.

[271]Williams, L. J., & Anderson, s. E,. Job satisfaetion and organizational Commitment as Predictors of organizational citizenship and in-role behaviors [J]Journal of Management.1991,17(3),601-617.

[272]Whiting S W,Maynes T D,Podsakoff N P,et al. Effects of message,source, and context on evaluations of employee voice behavior[J]. Journal of Applied Psychology, 2012,97(1):159-182.

[273]Yan Zhang,Jiing-Lih Farh,Hui Wang.Organizational antecedents of employee perceived organizational support in China: a grounded investigation [J].The International Journal of Human Resource Management, 2012,23(2):422-446.

[274]Youndt M A,Snell S A, Dean J W, et al. Human resource management, manufacturing strategy, and firm performance[J]. Academy of Management Journal,1996,39(4):836-866.

[275]Young S,Bartram T,Stanton P,et al. High performance work systems and employee well-being: a two stage study of a rural Australian hospital [J]. Journal of Health Organization and Management, 2010,24(2):182-199.

[276]Zacharatos A,Barling J,Iverson R D. High-performance work systems and occupational safety[J]. Journal of Applied Psychology, 2005,90(1):77-93.

[277]Zhang Z, Zyphur M J, Preacher K J. Testing multilevel mediation using hierarchical linear models problems and solutions[J]. Organizational Research Methods,2009,12(4):695-719.

[278]Zhang H, Kwong Kwan H, Everett A M, et al. Servant leadership, organizational identification, and work-to-family enrichment: The moderating

role of work climate for sharing family concerns [J]. Human Resource Management, 2012, 51(5): 747-767.

[279] Zhao H A O, Wayne S J, Glibkowski B C, et al. The impact of psychological contract breach on work-related outcomes: a meta-analysis [J]. Personnel psychology, 2007, 60(3): 647-680.

[280] Zhu C J, Zhang M, Shen J. Paternalistic and transactional HRM: the nature and transformation of HRM in contemporary China [J]. The International Journal of Human Resource Management, 2012, 23(19): 3964-3982.

附　录

附录 A　领导者问卷

尊敬的先生/女士：

　　您好！感谢您参加本次问卷调查。根据问卷需要，我们需要各位领导对您的三位主管下属进行真实的简单评价，问卷中各项答案没有是非对错之分，我们的调查将在全国展开，调查结果将完全用于对企业高绩效工作系统人力资源管理的研究工作，所有数据只是作为统计处理之用，<u>对您的回答，我们将严格保密</u>，请您不必有任何顾虑。在完成问卷的过程中，请您注意：（1）请根据实际情况作答；（2）不要将所有题项填成统一答案，如果填成一样将是废卷；（3）因为问卷填写不完整会失去研究价值，所以请<u>不要遗漏任何一项</u>。衷心感谢您的支持与合作！

中南大学人力资源研究中心

第一部分：本人基本信息

（请您根据题意，在最合适选项的相应位置上打"√"或填写）

1. 性别：　　□男　　□女

2. 现任职部门：_____　　现任职位：_____

3. 年龄：

　　□30 岁以下　　　　□30—40 岁　　□41—50 岁　　□50 岁以上

4. 最高学历：

　　□大专以下　　　　□大专　　　　□本科　　　　□硕士及以上

5. 本职位工作年限：

　　□1 年以内(不含 1 年)　　□1—2 年　　　　□3—5 年　　　　□6 年以上

6. 贵公司是何种类型的企业：

　　□国有控股企业　　□外商独资企业　　　　□中外合资企业

☐私营企业　　　　☐其他

7. 贵公司所属行业类型：

☐一般制造业(机械电子/建筑/化工/材粉配套生产冷品饮料等)

☐高新技术企业(电子信息技术/生物和新医药技术/行航空航天技术/新材料技术/高技术服务业/新能源与高节能技术/资源与环境技术/高新技术改造传统产业等)

☐服务业(金融/保险/商贸/广告/文化/餐饮咨询/教育培训等)

☐其他行业

第二部分：问卷正文

请根据您的真实感受，为您团队的三名成员打分，将 1—5 的分值填入您所领导的直接下属所代表的编号下方那一列。1＝从不；2＝很少；3＝经常；4＝一般；5＝总是。

请您根据实际情况为您的四位直接下属在最合适选项的相应位置打"✓"，以表明该题目符合或不符合实际情况。	评价对象：				
	从不	很少	一般	经常	总是
下属总是认真对待工作，极少犯错					
下属积极提议对本部门有利的新项目					
下属为改进本部门的工作流程提出建议					
下属为帮助本部门达成目标积极建言献策					
下属为改进本部门管理的提出建设性意见					
下属会劝阻其他同事不要做对绩效不利的事					
即使存在反对意见，下属还是坦诚地指出可能严重影响本部门的问题					
下属能达到工作规定的绩效要求					
即便可能会影响和其他同事的关系，当本部门出现问题时，下属还是勇于指出问题的所在					

续表

请您根据实际情况为您的四位直接下属在最合适选项的相应位置打"√"，以表明该题目符合或不符合实际情况。	评价对象：				
	从不	很少	一般	经常	总是
在工作中出现需要协调的问题时，下属主动向上级反映					
下属乐于帮助新同事尽快适应工作环境					
下属总愿意帮助同事解决工作中的问题					
若需要，下属愿意为同事分担部分工作					
平时下属很乐意与同事沟通、协调					
即使没人看到，下属也总是遵守规章制度					
下属对可能影响本部门的事积极谋发展、提建议					
下属为改进本部门工作流程献计献策					
为提高工作效率和质量，下属坚持学习					
下属经常早早上班，并立即投入工作					
下属完全履行了公司规定的工作职责					
即便可能使他人难堪，下属也会对于可能影响本部门效率的事情勇于建言					
下属对可能影响本部门的事积极谋发展、提建议					
下属积极提议对本部门有利的新项目					
下属不介意接受新的或很有挑战性的工作					

问卷到此结束，请您再检查一遍看是否有遗漏，谢谢您的合作！

附录 B 员 工 问 卷

尊敬的先生/女士：

您好！感谢您参加本次问卷调查。本调查问卷<u>不记姓名</u>，问卷中各项答案没有是非对错之分，我们的调查将在全国展开，调查结果将完全用于对企业高绩效工作系统人力资源管理的研究工作，所有数据只是作为统计处理之用，<u>对您的回答，我们将严格保密</u>，请您不必有任何顾虑。在完成问卷的过程中，请您注意：（1）请根据实际情况作答；（2）不要将所有题项填成统一答案，如果填成一样将是废卷；（3）因为问卷填写不完整会失去研究价值，所以请<u>不要遗漏任何一项</u>。衷心感谢您的支持与合作！

中南大学人力资源研究中心

第一部分：本人基本信息

（请您根据题意，在最合适选项的相应位置上打"✓"）

1. 性别：　　□男　　　　　□女
2. 年龄：　　□30 岁以下　　□30—40 岁　　□41—50 岁　　□50 岁以上
3. 最高学历：□大专以下　　□大专　　　　□本科　　　　□硕士及以上
4. 本职位工作年限：

　　□1 年以内(不含 1 年)　□1—2 年　　□3—5 年　　□6 年以上
5. 贵公司是何种类型的企业：

　　□国有控股企业　　　□外商独资企业　　　□中外合资企业

　　□私营企业　　　　　□其他
6. 贵公司所属行业类型：

　　□一般制造业(机械电子/建筑/化工/材粉配套生产冷品饮料等)

　　□高新技术企业(电子信息技术/生物和新医药技术/行航空航天技术/新材
　　　料技术/高技术服务业/新能源与高节能技术/资源与环境技术/高新技术
　　　改造传统产业等)

　　□服务业(金融/保险/商贸/广告/文化/餐饮咨询/教育培训等)

　　□其他行业
7. 现任职部门：＿＿＿＿＿＿＿　　　现任职位：＿＿＿＿＿＿＿

第二部分：员工行为调查

本问卷所涉及的领导均为您的直接上级。

本部分内容涉及企业采取的人力资源措施，请您根据实际情况在最合适选项的相应位置上打"✓"，以表明该题目符合或不符合实际情况。	完全不符合	较不符合	一般	较符合	完全符合
我的领导花时间与员工建立良好关系					
对员工的评估强调长期和基于团队的成果					
我的领导作决策会参考部门员工的意见					
在作重要决策时，我的领导设法在部门员工中达成一致					
团队成员在团队内部承担风险是安全的					
组织强调长期雇员的潜能					
我的领导坚持对员工高标准的伦理要求					
团队成员之间能彼此提出尖锐的问题					
我的领导平衡处理日常细节和未来规划之间的关系					
我的领导在探寻解决工作难题的方案上展现出广泛的知识和兴趣					
我的领导让我觉得是和他"一起"工作而不是"为他"					
我的领导努力寻找方法帮助他人追求卓越					
我的领导鼓励员工参与工作以外的社区服务和志愿者活动					
我的领导强调回馈社区的重要性					
团队成员中如果有人犯错，不会受到团队其他成员的反对					
我的领导遵守诺言					
团队成员有时会反对其他成员的与众不同					
我的领导在工作场所以外对员工体察入微					
组织会给需要与客户接触的一线员工提供大量的培训					
服务岗位的员工只要想晋升，就不止一个位置					
与团队成员合作，我的个人才智会得到重视和利用					
组织会努力去选择合适的人					
我的领导以员工个人发展作为工作重点					
组织非常重视任人程序					
组织在人员的选择上会花费大量的努力					

本部分内容涉及企业采取的人力资源措施，请您根据实际情况在最合适选项的相应位置上打"✓"，以表明该题目符合或不符合实际情况。	完全不符合	较不符合	一般	较符合	完全符合
团队成员向其他成员寻求帮助是一件困难的事					
与客户接触的员工一般每隔几年都要参与培训项目					
有正式的培训项目教给新员工工作所需的技能					
组织给员工提供正规计划来增加我们的晋升可能性					
员工很少有晋升的机会					
在这个组织中员工没有发展前景					
组织中的晋升是论资排辈的					
员工在组织中有清晰的职业规划					
团队成员不会有人故意破坏我工作					
只要我们愿意，我们就能留在这个组织中					
员工的工作安全感是有保障的					
工作职责描述很清晰					
岗位描述随时更新					
工作描述准确地描述了每个员工的职责					
绩效可以由客观量化的方式测量					
绩效考核基于客观量化的结果					
我的领导在员工中建立了一种团队意识					
员工的奖金基于组织的利润					
报酬与绩效紧密关联					
主管常常让员工参与决策					
组织会允许员工作决策					
组织会赋予员工改善工作方式的机会					
主管与员工保持开放性的沟通					

问卷到此结束，请您再检查一遍看是否有遗漏，谢谢您的合作！

后 记

突然觉得后记部分才是论文最难写的章节，太多的思绪涌上心头，提笔却不知该从何说起。而立之年早已悄然过去，其间经历了太多的事，见识了太多的人，这其中如人饮水，冷暖自知。

首先要感谢我的恩师颜爱民教授，感恩他多年来对我的宽容，他的谆谆教导弟子都将铭记于心。还要感谢恩师在学术上给予我的自由和包容，恩师言传身教的不仅是学术更有做人的道理，感恩颜老师的无私教诲，千言万语也无法道出弟子的感恩之情，唯有奋进以报师恩。我还要衷心感谢同门的师兄弟姐妹们对我的帮助和支持，谢谢你们的陪伴与鼓励。

其次，我要特别感谢我的家人多年来对我的无私支持。感谢我年迈的父母无私付出，让我在生活上无需太多顾及家里；感谢我的奶奶，虽然她读书不多但却一如既往地坚持并鼓励我，让我能够不断地前进；感谢我姨和姨夫一家人自求学以来对我的帮助和鼓励；感谢我的哥哥肖明贵，是他让我看到了一个全新的世界，感谢我的姐夫谢国胜、姐姐肖小军，谢谢他们对我的支持和帮助；感谢我的大姐肖智常，二姐肖智力、二姐夫黄健献和三姐肖丽霞，谢谢你们于母亲重病之时的陪伴，为我分忧解难，谢谢你们；感谢我的岳父岳母对我的信任和鼓励；尤其要感谢的是我的妻子沈利，谢谢你在我一无所有的时候选择相信我，谢谢你的包容与大度。

感恩所有帮助过我、支持我的人，愿你们身体康健、平安快乐！

作者

2019 年 10 月